Tous ensemble 5

Cahier d'activités

von

Wolfgang Froese
Krystelle Jambon
Laurent Jouvet
Anne Löcherbach
Kerstin Theinert

Ernst Klett Verlag
Stuttgart Leipzig

Bonjour!

Quatre années de français. Bravo!!! Tu dois bien te débrouiller maintenant.
Cette année sera assez cool: pas de nouvelle grammaire, surtout des révisions
et beaucoup de nouvelles situations!
Le français pour le plaisir avec plein d'exercices à faire en groupe ou en *auto-contrôle*.

Ma vie, c'est la musique.
Les voyages et la musique m'ont aidé à apprendre plein de langues étrangères, comme par exemple l'anglais et l'allemand!

Auf mein Portfolio bin ich mächtig stolz. Da habe ich meine besten Arbeiten in Französisch gesammelt und noch einmal alles dokumentiert, was mir im Unterricht wichtig war.

Die *en situation*-Seiten im Cahier sind richtig gut. Da kann man auch im Alltag was damit anfangen.

Mit *auto-contrôle*-Übungen kann ich allein üben und vor allem mich selbst korrigieren, ohne dass mein Lehrer mich ständig verbessert.

I hate these grammar exercises. But they've helped me a lot learning French.

Die Hörübungen finde ich klasse. So fühle ich mich ein Bisschen wie in Frankreich.
Irgendwann kann ich auch (fast!) alles verstehen, wenn Franzosen sich unterhalten!

Voilà les thèmes que nous vous proposons dans le cahier 5.
Comme les dossiers sont « à la carte », vous pouvez les faire dans l'ordre que vous voulez.
Quels sont vos 6 sujets préférés?

La vie professionnelle:
- Vous avez bien réfléchi à votre choix d'études ou de formation. ☐
- Vous savez dire pourquoi vous avez fait ce choix. ☐
- Vous pouvez vous imaginer comment sera votre vie professionnelle. ☐

4. Dans un centre de loisirs, le mieux, c'est de travailler:
A aux sports.
B à l'orchestre.
C avec les enfants.
D à la bibliothèque.
E dans les bureaux.
F à l'animation.

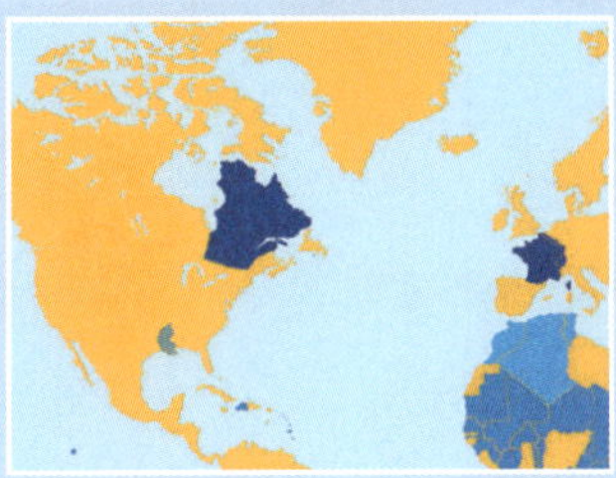

en situation

Das kann ich schon!

auto-contrôle

Dossier 1

atelier A

VOC **1 Mots entremêlés** → *nach Texteinführung*

1. Elle écrit les textes des chansons de Superbus. C'est ? .
2. Quelqu'un qui écrit de la musique, c'est un ? .
3. Le père, le grand-père et le fils, cela fait trois ? .
4. L'ensemble des journaux, c'est la ? .
5. Ces deux filles sont toujours derrière moi, elles me ? partout.
6. Quand on n'aime pas les gens parce qu'ils sont blancs, noirs ou beurs, c'est du ? .
7. → Quand on met plusieurs styles de musique ensemble, on les ? .
7. ↓ Pour «drôle» on dit aussi ? .
8. Dans le style rap les paroles sont souvent exagérées ou ? .
9. Le ? est un style de musique qui fait partie de la culture hip-hop.
10. Un CD de plusieurs chansons d'un chanteur est un ? .
11. Grâce à Internet, on peut ? des chansons sur son ordinateur.
12. Un groupe qui chante en anglais, c'est un groupe ? .
13. Quand on dit des choses qui font rire, on a de l' ? .
14. Superbus est le nom d'un ? de musique.
15. La musique d'Amérique du Sud, c'est la musique ? .
16. Dans une musique, il y a le rythme et la ? .
17. Quand un homme pense qu'il est plus important que les femmes, c'est un ? .
18. Quand on entend beaucoup la batterie et le rythme d'une chanson, on dit que c'est une musique très ? .
19. Les Rolling Stones faisaient de la musique ? .
20. Un film vidéo très court, sur une chanson, c'est un ? .
21. On écrit un texte, mais on ? la musique.

2 Deux styles très différents *(G 1, 7)* → *nach SB Ü 4 a* — *écouter*

a *Ecoutez les extraits des chansons de Bénabar (Paresseuse) et de Superbus (Le Rock à Billy). Les musiciens **jouent de** quels instruments?*
Exemple: Dans la chanson *Paresseuse*, un musicien **joue du / de la** …, un autre musicien … .

b *Décrivez le style de musique de Bénabar, puis celui de Superbus avec les **adjectifs** entre parenthèses.*

1. **Bénabar** chante _____ (seul) accompagné d'instruments _____ (discret). Ses mélodies sont _____ (doux) et peu _____ (rythmé). Il écrit des _____ (beau) textes et joue avec les mots. Ses mélodies ne sont ni _____ (folklorique), ni _____ (violent) et ses textes ne sont pas toujours _____ (engagé). Ses chansons sont parfois _____ (marrant).
2. **Superbus** fait de la musique _____ (rythmé). Les textes de Jennifer sont souvent _____ (court) et _____ (drôle) mais aussi _____ (original). Les musiciens du groupe adorent les vêtements _____ (noir) et _____ (blanc). Ils font souvent des _____ (nouveau) clips qu'on peut voir sur Internet. Leur musique est _____ (fort), mais leurs textes ne sont pas _____ (excessif).

c *Maintenant, comparez leurs musiques en utilisant **le comparatif**.*
Exemple: La musique de Bénabar est **plus douce que celle** de Superbus.

Bénabar:
Musique – doux ↑ – rythmé ↓ – lent ↑
Textes – long ↑
Instruments – discret ↑ …

Superbus:
Musique – fort ↑ – rythmé ↑
Chansons – court ↑ – doux ↓
Les musiciens de Superbus – connu ←→ …

d **Paresseuse**[1]
Certains matins elle révise son emploi du temps
Imagine ce qu'elle doit faire et se dit … et puis non
Elle paresse[2] …

C'est le début de la chanson de Bénabar: *Paresseuse. Ecoutez deux fois la chanson entière. Essayez de comprendre l'histoire. Où habite Mademoiselle? Qu'est-ce qu'elle fait quand elle paresse?*

e *Ensuite, vous pouvez écouter la chanson une troisième fois en regardant les paroles à la page 85.*

3 Deux scènes au choix — *parler*

a Une pub pour la radio

Travaillez à deux. Vous choisissez un groupe de musique que vous aimez bien. Vous préparez un texte court pour faire une publicité pour la radio. Vous présentez le nouveau CD du groupe ou vous annoncez un concert ou une tournée. Vous voulez convaincre (überzeugen) les auditeurs, alors vous utilisez le plus d'adjectifs possibles. *Lisez votre pub (env. 30 s.) aux autres élèves, comme si vous étiez à la radio.*

b Au commissariat

Travaillez à deux. Un élève est allé au concert de Superbus pendant ses vacances en France. Il y avait beaucoup de monde. Tout à coup, il a senti que quelqu'un lui volait son sac. Mais il n'a pas vu qui c'était. Alors, il va au commissariat. Le/La commissaire lui pose des questions précises et l'élève lui dit ce qui s'est passé, décrit son sac et ce qu'il y a dedans. *Jouez la scène: l'élève et le/la commissaire.*

1 **une paresseuse** *hier* eine Frau, die faulenzt – 2 **paresser** faulenzen

4 Avant ou après? *(G 1) → vor SB Ü 4b*

a *Certains adjectifs peuvent être placés avant ou après le nom. Reliez les phrases à l'adjectif allemand correspondant.*

C'est la **dernière** semaine des soldes.	vergangene	Elle n'a pas beaucoup d'amis. C'est une femme **seul**.	einsam
La semaine **dernière**, j'ai fait les soldes.	(aller-)letzte	C'est la **seule** femme que j'aime.	einzig
– Regarde, j'ai des dollars. – Ce sont des **vrais** billets?	wahr	Ah! Mon **cher** vélo. Il est vieux, mais il marche encore très bien.	teuer
Mais oui, je ne te raconte que des histoires **vraies**!	echt	Ce vélo est **cher**! Je n'ai pas assez d'argent.	lieb

b *Faites une fiche pour chacun de ces quatre adjectifs. Ecrivez deux phrases par adjectif. Dans une phrase, l'adjectif est avant le nom et dans l'autre il est après le nom.*

atelier B

5 Une chanson mortelle *→ nach Texteinführung*

Cherchez les expressions correspondantes dans la chanson de Diam's.

1. Un homme parfait

____

2. Si tu es l'homme qu'il me faut

____

3. Il n'aime pas les filles belles et sexy qui ne réfléchissent pas.

____

4. Comme un acteur de cinéma

____

5. Pour me plaire, il me chante des chansons.

____

6. Il a de l'humour.

____

6 La langue des jeunes *→ nach SB Ü 3*

Ecoutez ce que disent les jeunes en français familier. Qu'est-ce que ça veut dire? Cochez la bonne réponse.

1
- ☐ Ce garçon ne vit plus: il est mort.
- ☐ Ce garçon est nul.
- ☐ Je trouve ce garçon génial, je l'adore.

2
- ☐ Elle est très bonne.
- ☐ Elle est très mauvaise.
- ☐ Je ne la connais pas.

3
- ☐ Elle cherche un copain.
- ☐ Elle ne sait pas où est son copain.
- ☐ Son copain la cherche.

4
- ☐ Il n'aime pas les chansons de Superbus.
- ☐ Il n'aime pas la voix de Jennifer.
- ☐ Il adore Jennifer.

7 Tu joues du piano? → *nach SB Ü 5*

communiquer

a *Travaillez à deux. Faites le dialogue. Contrôlez les phrases de votre partenaire avec les solutions.*

b *Echangez les rôles.*

A = élève	B = correspondant(e)
Du fragst, welche Musikrichtung dein(e) Brieffreund(in) mag.	(Tu aimes quel style de musique?)
(J'aime la «world» parce que les chanteurs mélangent la musique folklorique de leur pays et la musique pop-rock.)	Du magst die Musik „world", weil die Sänger die folkloristische Musik ihres Landes mit der Pop-Rockmusik mischen.
Du möchtest wissen, ob dein(e) Brieffreund(in) ein Instrument spielt?	(Est-ce que tu joues d'un instrument?)
(Autrefois/Avant, je jouais de la guitare. Depuis deux ans, je joue du piano. Et toi, tu joues de quel instrument?)	Früher spieltest du Gitarre. Seit 2 Jahren spielst du Klavier. Du fragst deine(n) Brieffreund(in), was er / sie spielt.
Du spielst nicht Klavier, aber du treibst Sport. Du fährst Ski und spielst Handball.	(Je ne joue pas de piano mais je fais du sport. Je fais du ski et je joue au handball.)

8 Raph' & Potétoz parlent le langage des jeunes. → *an beliebiger Stelle*

(Extrait de *Raph' et Potatoz*, par Yomgui Dumont, © Glénat et Bayard-Presse, 2007)

a *Raph' et Lison sont deux copines qui parlent le français des jeunes. Lisez la BD.*

b *Voici la traduction de certaines bulles[1] de la BD en français standard. Retrouvez quelle bulle est traduite et écrivez le numéro du dessin dans la case.*

- ☐ Je n'ai pas envie de me mettre en maillot.
- ☐ Le style sport. C'est parfait.
- ☐ Tu es très à la mode.
- ☐ Qu'est-ce qu'il y a? Pourquoi tu n'es pas contente?
- ☐ Salut les filles. On se voit tout à l'heure à la piscine?
- ☐ Ce n'est pas très à la mode, non?

1 **une bulle** eine Sprechblase

1

auto-contrôle

1 Les adjectifs *(G 1)*

a *Entourez (kreist ein) les* ***adjectifs*** *qui ont des formes particulières.*

préféré grand dernier marrant joli gris rouge connu anglophone musical important vrai beau anglais indien français autre entier différent folklorique nouveau habituel discret seul long engagé dynamique dansant vieux spécialisé excessif violent difficile doux fort lent

a *Ecrivez dans le tableau ci-dessous les quatre formes des adjectifs que vous avez entourés.*

masculin	féminin	masculin	féminin
dernier derniers	dernière dernières		

2 Le bon ordre des mots *(G 1)*

a *Mettez les mots dans le bon ordre et accordez les adjectifs.*

1. anglais / vrai / un / jardin ______
2. gris / une / joli / voiture ______
3. un / homme / beau / dynamique ______
4. engagé / vieux / une / chanteuse ______
5. groupe / un / autre / marrant ______
6. chanson / doux / long / une ______

3 La langue des jeunes

a *Ces expressions en français des jeunes correspondent à quelles expressions en français standard?*

Je te kiffe grave. ❍	❍ Elle est vraiment bien.
Cette chanson déchire trop. ❍	❍ Je t'aime beaucoup.
C'est trop bien. ❍	❍ Cette fille est géniale.
Cette meuf est mortelle. ❍	❍ J'aime beaucoup Diam's.
Un mec mortel. ❍	❍ Ils sont vraiment bons!
Je kiffe trop Diam's. ❍	❍ C'est vraiment super.
Il te drague. ❍	❍ Un jeune homme très bien.
Ils assurent grave. ❍	❍ Il te fait la cour.

b *Avec un/une partenaire, essayez de trouver une traduction de ces expressions* ***en allemand des jeunes****.*

Je te kiffe grave. ____________________

Cette chanson déchire trop. ____________________

C'est trop bien. ____________________

Cette meuf est mortelle. ____________________

Un mec mortel ____________________

Il te drague. ____________________

Ils assurent grave. ____________________

DICO

4 Jeu de vocabulaire

a *Vous avez quatre minutes pour noter au moins quatre mots dans chaque catégorie.*
Vous pouvez utiliser le dictionnaire. N'oubliez pas les articles!

b *Faites des groupes de quatre élèves. Chacun lit ses mots.*
Vous complétez votre filet de mots avec les bonnes idées des autres.

le lecteur mp3 ____________________

le refrain, ____________________

Amel Bent, ____________________

Dossier 2

atelier A

1 Les nombres[1] → *Avant la lecture*

parler

a *Travaillez à deux. Lisez votre partie du dialogue. Faites attention aux nombres! Contrôlez les phrases de votre partenaire avec les solutions.*

b *Echangez les rôles.*

A	B
Je suis né(e) **le 25 avril 1997**. Et toi?	(le vingt-cinq avril mille neuf cent quatre-vingt-dix-sept)
(le quinze juillet mille neuf cent quatre-vingt-dix-huit)	Moi, je suis né(e) **le 15 juillet 1998**.
Oh, mon père a son anniversaire deux jours après toi. Il est né le **17 juillet 1975**.	(le dix-sept juillet mille neuf cent soixante-quinze)
(vingt-sept décembre mille neuf cent quarante-huit)	A propos d'anniversaire, j'ai lu que Gérard Depardieu était né deux jours après Noël[2]. Sa date de naissance est **le 27 décembre 1948**.
Moi, j'adore sa fille Julie. Elle fait des super films. Mais elle ne gagne pas autant d'argent que son père. En **2005** il a gagné **3 200 000 euros**. C'est un des acteurs français les mieux payés. Mais **en 1983**, il avait seulement gagné **2 500 000 francs**!	(deux mille cinq – trois millions deux cent mille euros – en mille neuf cent quatre-vingt-trois – deux millions cinq cent mille francs)
(trois cent quatre-vingt-un mille euros)	Ça fait quand même **381 000** euros! Pas mal, non?

c Qui lit le plus vite ces nombres sans faute (ohne Fehler)? Ton / Ta partenaire ou toi? *Chronométrez. (Stoppt mit der Uhr.) Si tu fais une faute, ton partenaire dit «stop» et tu recommences au premier nombre.*

2 002 | *2 011* | *1 958* | *1 733* | *340 500* | *2 124* | *51 735* | *2 480 670* | *13 730 845*

d *Posez huit questions à votre partenaire et notez ses réponses avec les nombres corrects.*

Exemples: Quand est-ce que tu es né(e)? Quelle est ta pointure? Il y a combien d'habitants dans ta ville? …

2 En famille → *nach Texteinführung*

a *Ecrivez les six phrases correctes dans votre cahier.*

En France, 1 couple	au domicile familial	beaucoup d'argent.
Beaucoup d'enfants de parents divorcés	n'ont jamais fait	à ses dépenses.
Souvent, les jeunes restent	ont un beau-père	divorce.
Beaucoup de jeunes	faire attention	une lessive tout seuls.
Pour payer un appart à Paris,	sur 3	jusqu'à l'âge de 25 ans.
A Paris, la vie est chère. Il faut vraiment	il faut avoir	ou une demi-sœur.

1 **un nombre** eine Zahl (über 10) – 2 **Noël** Weihnachten

△ 3 Deux mois de vacances! → *nach Texteinführung*

communiquer

a *Fais l'interprète pour ton frère et ta corres. Ecris tes solutions dans les bulles (Toi).*
b *Jouez le dialogue à trois: ton frère, ta corres et toi. Ensuite échangez les rôles. Quand vous jouez l'interprète, vous lisez votre traduction.*

Ton frère: Stimmt es, dass die Schüler in Frankreich zwei Monate Sommerferien haben?

Toi: ______________________________

Toi: ______________________________

Ta corres: Oui, c'est vrai. Et les employés ont 5 semaines de congés payés.

Ton frère: Die Deutschen fahren im Sommer oft ins Ausland. Ich möchte wissen, ob das auch so in Frankreich ist.

Toi: ______________________________

Toi: ______________________________

Ta corres: Souvent, les Français préfèrent rester en France plutôt que d'aller à l'étranger.

Ton frère: Letzten Sommer waren wir in Biarritz. Wir mussten mit den Ausgaben aufpassen.

Toi: ______________________________

Toi: ______________________________

Ta corres: Moi, je pars toujours en Bretagne chez mes grands-parents avec mon demi-frère. On fait plein de choses avec mes cousins et des copains. C'est cool et pas cher: on ne paie pas de loyer.

4 Il faut que Karim fasse attention à ses dépenses. *(G 2)* → *nach SB Ü 3*

a *Complétez les phrases avec ces verbes* ***au subjonctif****:*

pouvoir (2 x) | **sortir** | **avoir (2 x)** | **faire** | **être (2 x)**

1. Karim aimerait que ses enfants ____________ souvent au ciné avec leurs copains. 2. Mais il faut que sa femme et lui ____________ attention aux dépenses. 3. Ils ont peur qu'il n'y ______ plus assez d'argent sur leur compte[1] à la fin du mois et qu'ils ne ____________ plus rien acheter. 4. C'est dommage que la femme de Karim ________ seulement employée à mi-temps. 6. Elle souhaite surtout que sa famille ________ heureuse et que ses enfants ____________ plein de copains. 7. Elle fait tout pour que leur famille ____________ partir en vacances tous les ans.

1 **un compte** ein Konto

5 Thomas et Merlin → *nach Texteinführung*

a *Cochez les 14 phrases correctes. Parfois, il y a plusieurs réponses possibles.*

1. Thomas …

☐ a) a perdu son frère dans un accident de voiture.

☐ b) a survécu à un accident de voiture.

☐ c) fuit sa mère et son grand-père.

2. Un jour, Thomas …

☐ a) rencontre un grand-père malheureux.

☐ b) fait la connaissance d'un homme malheureux.

☐ c) se dispute avec sa mère qui est dépressive.

3. Après les cours, Thomas …

☐ a) veut vite rentrer.

☐ b) prend le bus puis va voir Merlin.

☐ c) prend le bus pour aller au McDo.

4. Dans son cartable, il y a …

☐ a) une bouteille de vin et un fromage.

☐ b) un livre de maths.

☐ c) un hamburger.

5. Thomas est content parce que …

☐ a) Merlin se rappelle de son prénom.

☐ b) Merlin lui tend la main.

☐ c) Merlin comprend qu'il n'ait pas pu venir avant.

6. Merlin et Thomas …

☐ a) s'asseyent sur un vieux matelas.

☐ b) boivent du vin tous les deux.

☐ c) mangent un sandwich au jambon.

7. Merlin demande …

☐ a) si Thomas veut du vin.

☐ b) si le père de Thomas boit parfois du vin.

☐ c) pourquoi Thomas n'aime pas le vin.

8. Thomas raconte …

☐ a) qu'il n'a pas de père.

☐ b) que son père est mort.

☐ c) que son père ne boit pas de vin.

9. Merlin est triste …

☐ a) parce qu'il a trop bu.

☐ b) parce que Thomas lui demande s'il a des enfants.

☐ c) parce que Thomas part.

b *Faites un résumé de la visite de Thomas chez Merlin en 9 ou 10 phrases dans votre cahier. Vous pouvez regarder la stratégie* **S7** *dans votre livre page 232. Utilisez les mots suivants:*

se souvenir de | serrer la main | cartable | fromage | carton | matelas | jeter | valise | vin | enfant | revenir

c *Racontez maintenant l'histoire à votre partenaire sans regarder ni votre cahier, ni votre livre.*

△ 6 Après avoir rencontré Merlin, Thomas a changé. *(G 3)* → *nach SB Ü4*

Ecrivez l'histoire de Merlin en commençant vos phrases par: ***après avoir/être + participe passé****.*

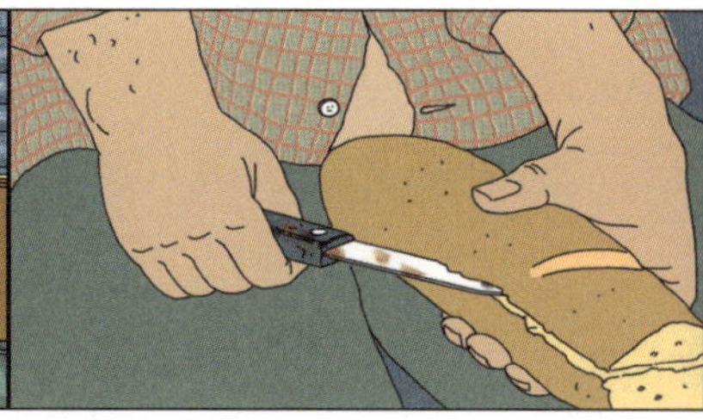

1. prendre – sac en plastique – Merlin – en sortir – demi-baguette
2. ouvrir – couteau – couper – pain
3. mettre – fromage – baguette – manger – sandwich

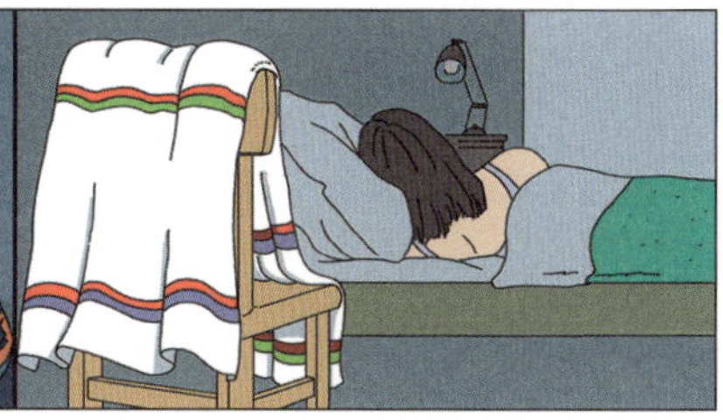

4. dire – père – mort – Thomas demander – Merlin – enfant
5. rentrer – Thomas – ne pas parler de Merlin – mère
6. se doucher – la mère de Thomas – aller se coucher

7 Chanson pour papa → *an beliebiger Stelle*

écouter

a *Ecoutez la chanson de la chanteuse Amel Bent en lisant le texte. Ecoutez une 2ᵉ fois sans lire le texte.*

b *Traduisez le texte en allemand avec vos propres mots. Utilisez un dictionnaire, si c'est nécessaire.*

c *Quelle est la relation d'Amel Bent avec son père? Pourquoi est-ce qu'elle chante cette chanson?*

d *Ecoutez bien la fin de la chanson et écrivez les paroles.*

1.
Loin des yeux, loin du cœur
Comme on s'habitue à tout
Mais il y a de ces douleurs,
Qu'on garde toujours en nous
C'est fou comme j'ai grandi
Et avancé sans toi
Ton absence me déchire
J'ai trop besoin d'un papa

2.
J'ai honte de moi,
J'ai honte d'avoir accepté
D'être loin de toi
Sans jamais te réclamer
Je chante pour toi, pour toi papa
Pardonne-moi, pardonne-moi
Je chante pour toi, pour toi papa
Pour toutes ces choses
qu'on ne se dit pas

3.
Je sais que je te manque
et que t'aimerais être là
Que tu regrettes le passé
Que ton présent tu ne l'aimes pas
Que tu t'ennuies dans la vie
Et que je suis ton soleil
Car après tout j'suis ta fille
Je serai toujours la plus belle

4.
J'ai le mal de toi,
J'ai mal de t'avoir vu pleurer
Pour la première fois
Ce jour où tu m'as vu chanter
Je chante pour toi, pour toi papa
Pardonne-moi, pardonne-moi
Je chante pour toi, pour toi papa
Pour toutes ces choses
qu'on ne se dit pas

Chanson pour papa,
Amel Bent, extraite de l'album «A 20 ans»

5. ______________________________

____

____

____

____

____

____

____

____

e *Faites des groupes de 3 ou 4 élèves. Recherchez sur Internet des informations sur* ***Amel Bent*** *et faites un portrait d'elle. Cherchez le clip et regardez-le.*

2

auto-contrôle

1 Qu'est-ce qu'on dit en français?

Du stehst an der Information in einem französischen Supermarkt und hast ein paar Fragen. Diese Wörter helfen dir.

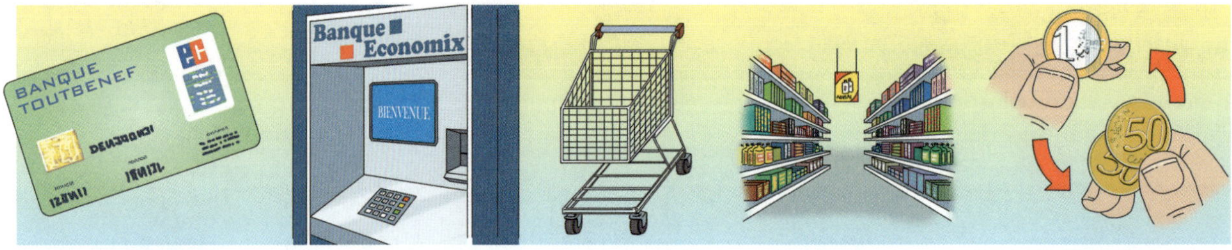

une carte bancaire | un distributeur de billets | un chariot | une allée | changer

1. – Ich habe nicht genügend Geld bei mir. Kann ich hier mit einer deutschen Kreditkarte bezahlen?

____

____

2. – Es tut mir Leid. Wir nehmen diese Karten nicht, aber es gibt einen Geldautomaten gleich rechts, wenn Sie aus dem Laden herauskommen.

____

____

3. – Können Sie mir sagen, wo sich die weiße Schokolade befindet? – Im Gang Nummer 3.

____

4. – Und für den Einkaufswagen, braucht man da eine Ein-Euro-Münze? – Ja.

____

5. – Könnten Sie mir zwei 50-Cent-Münzen gegen eine Ein-Euro-Münze tauschen?

____

____

2 Vocabulaire

Trouvez les mots.

1. Les collégiens et les lycéens ont des vacances, les employés ont des ______________.
2. Les chiens, les chats et les oiseaux sont des ______________________.
3. Les hamsters et les souris[1] font partie de la famille des ______________________.
4. Quand un couple ne reste plus ensemble, il ____________________.
5. Quand on a peu d'argent, on fait les courses en faisant attention à ses ____________________.
6. Merlin n'a pas de vrai lit. Il dort sur un ____________________.
7. Quand on pleure, on a des __________________ dans les yeux.

1 **une souris** eine Maus

3 Que font les deux touristes? *(G 3)*

Faites des phrases avec les mots donnés. Utilisez ***après avoir + participe passé*** *ou* ***sans + infinitif****.*

1. quitter l’hôtel – chercher leur voiture
2. monter dans la voiture – regarder le plan de la ville
3. partir – prendre leur appareil photo
4. un homme – voler – l’appareil photo – faire de bruit – et – remarquer l’agent

1. ______________________________

2. ______________________________

3. ______________________________

4. ______________________________

4 Le nouveau beau-père *(G 2)*

Clarisse a un nouveau beau-père qui est très sévère. Voilà comment il s’imagine la vie en famille.
Cochez les phrases qui ont ***un verbe au subjonctif****. Soulignez-le.*

- ☐ 1. Avec mon beau-père, il ne faut pas parler fort pendant les repas.
- ☐ 2. Il faudrait que les enfants fassent leurs devoirs avant 19 heures.
- ☐ 3. Il veut que les enfants soient au lit à neuf heures.
- ☐ 4. Il souhaite que les enfants ne regardent pas la télé pendant la semaine.
- ☐ 5. Il ne veut pas que j’aie un ordinateur dans ma chambre, bien sûr.
- ☐ 6. Il a peur que les jeunes le dérangent.
- ☐ 7. Il aimerait que tout soit calme et bien rangé.
- ☐ 8. C’est dommage, mais lui et moi, on ne va pas s’entendre du tout!

5 Toujours des chiffres

Complétez.

1. On est quel jour? ______________________________

2. Quelle heure est-il? ______________________________

3. A quelle heure part le train? ______________________________

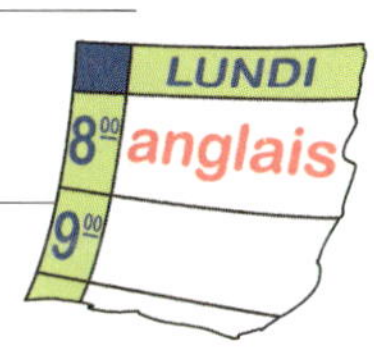

4. Quand est-ce que tu as cours d’anglais? ______________________________

Dossier 3

atelier A

1 Connaissez-vous Leïla Bekhti? → *nach Texteinführung*

a *Relisez le texte «Le cinéma en fête» dans votre livre et faites le quiz.*

b *Ecrivez les 20 lettres entourées dans la phrase mystère.*

1. Leïla répond à une interview pour la radio …	___ ___ ___ ___ (2) ___ ___.
2. A la fin du lycée, elle a passé son …	___ ___ (7,14).
3. On l'a engagée et là, elle a … son agent.	___ (17) ___ ___ ___ ___ ___ ___ ___
4. Après, elle a … *Quais de Seine.*	___ ___ ___ ___ ___ (6)
5. Dans ce film, elle joue le rôle d'une jeune …	___ ___ ___ ___ ___ ___ ___ (19,20) ___.
6. Cette fille porte le … parce qu'elle en a envie.	___ ___ (12) ___ ___
7. Leïla est née en France, mais elle est de nationalité …	___ ___ ___ ___ (4,15) ___ ___ ___ ___ ___
8. Leïla est d'origine …	___ ___ ___ ___ ___ (13,16).
9. *Harkis* et *Pour l'amour de Dieu* sont des …	___ ___ ___ ___ ___ ___ ___ ___ (8,18).
10. Leïla aime jouer dans des films qui … les gens.	(9,11) ___ ___ ___ ___ ___ ___ ___
11. Leïla est libre. Son frère ne la … pas quand elle sort.	___ ___ ___ ___ ___ ___ ___ ___ (10,5)
12. Le plus important dans sa vie, c'est sa …	___ (3) ___ ___ ___ ___ ___
13. Leïla adorerait … un restaurant avec ses frères et sœurs.	___ (1) ___ ___ ___ ___

Phrase mystère:

1	20	17		3	7	11	15	12	14	16		18	10		2	4	6	8	5	19	9	13
															p							

2 Cinéfête → *vor SB Ü 3*

écouter

Deux élèves de votre classe sont allés à l'Institut français pour se renseigner sur Cinéfête. Une dame de l'Institut français leur a tout expliqué.

a *Ecoutez l'interview de vos copains de classe. Ecrivez des mots-clés si ça vous aide.*

b *Lisez les questions, puis écoutez le texte une deuxième fois et cochez la ou les bonnes réponses. Il y a 13 bonnes réponses en tout.*

1. *Cinéfête* est un festival de films francophones qui va de ville en ville …
   - ☐ en France.
   - ☐ en Francophonie.
   - ☐ en Allemagne.

2. Les élèves peuvent voir des films en français dans leur ville pendant …
   - ☐ une semaine.
   - ☐ un an.
   - ☐ un mois.

3. Les films sont …
   - ☐ en allemand.
   - ☐ en français.
   - ☐ en version originale sous-titrée.

4. *Cinéfête* attire chaque année …
   - ☐ moins de 100 000 élèves apprenant le français.
   - ☐ plus de 100 000 élèves dans environ 120 cinémas.
   - ☐ plus de 5 000 professeurs.

5. Avec *Cinéfête*, les élèves peuvent découvrir …
   - ☐ des films du monde francophone.
   - ☐ le plaisir de voir un film en version originale.
   - ☐ des films de pays non francophones.

6. *Cinéfête* propose une sélection de …
   - ☐ films qui est différente chaque année.
   - ☐ 6 à 9 films francophones.
   - ☐ plus de 9 films francophones.

7. Il y a des films francophones pour ...
   - ☐ tous les âges.
   - ☐ tous les niveaux de langue.
   - ☐ les profs d'anglais.

8. Les élèves qui participent à *Cinéfête* …
   - ☐ vont voir les films avec leur prof de français.
   - ☐ vont au cinéma pendant la journée.
   - ☐ regardent les films le soir.

c *Faites des recherches à deux. Où est-ce qu'il y a le festival Cinéfête le plus proche de chez vous? C'est quand? Quels films est-ce que vous pouvez y voir? Quel film vous intéresserait?*

3 Qu'est-ce qu'ils ont fait? *(G 4) → nach SB Ü 4*

Qu'est-ce qu'Elise et Antoine ont fait le jour de la Fête du Cinéma?
*Faites des phrases au **passé composé**.*

! Pensez à l'accord du participe passé.

Beispiel: Elise et Antoine **sont** parti**s** en vélo, ils …

On a vu Elise et Antoine **partir** en vélo, **s'arrêter** pour acheter un sandwich, **regarder** les programmes et les affiches, **acheter** un ticket, **recevoir** un carnet-passe-port, **entrer** dans une salle de ciné, **regarder** un film, Antoine **ne pas aimer** le film. On a vu Elise et Antoine **courir** pour aller au prochain cinéma, **ne pas rater** le début du film, **ne payer que** 2 euros pour le deuxième ticket, beaucoup **rire** pendant ce film, **avoir** un peu **peur**, ensuite **choisir** un troisième film, Elise **s'endormir** en plein milieu du film, Antoine **adorer** ce film avec ses effets spéciaux super, les deux **se retrouver** au café avec des copains, **se raconter** les films qu'ils ont vus, en **discuter**. Maintenant, ils savent quels films ils vont aller voir demain …

△ 4 Les castings que j'ai passés. *(G 4) → nach SB Ü 4*

a **Amélie** raconte son premier casting. *Accordez **les participes passés**.*

b *Trouvez et soulignez **les deux compléments d'objet direct placés devant le verbe avoir** (die direkten Objekte vor „avoir"). Est-ce qu'ils sont bien accordés?*

> **!** Ist beim ***passé composé* mit *avoir*** das ***direkte Objekt* vor *dem Verb***, so müsst ihr das Partizip Perfekt ***anpassen***.

La première fois que j'ai passé___ un casting pour un film, je suis arrivé___ juste à l'heure. Il y avait beaucoup de filles avant moi. Les filles que j'ai vu___ avant le casting avaient l'air très professionnelles. Quand je suis passé___, j'avais tellement peur que je n'ai plus senti___ mes jambes. Je me suis levé___, puis je suis monté___ sur la scène et j'ai pensé___: je n'ai aucune chance! Mais le jury qui faisait passer le casting a été___ très gentil avec moi. Quand ils ont vu___ que j'avais peur, ils m'ont demandé___ ce que je voulais jouer. Je leur ai répondu___ que je pouvais faire le rôle qu'ils voudraient. Je suis timide, je n'ai pas compris___ pourquoi j'ai dit___ ça! Une femme du jury a ri___ et elle m'a demandé___ de jouer quelqu'un qui a peur. J'ai pensé___: ça, c'est ma chance. Alors je me suis calmé___, j'ai joué___ et vous savez quoi? Ils m'ont pris___!

atelier B

5 Faubourg Saint-Denis

écouter et regarder

Ecoutez une autre séquence du film «Paris, je t'aime»: Faubourg Saint-Denis. C'est l'histoire de Thomas et de Francine. Thomas est aveugle[1], il fait des études de langues. Il fait la connaissance de Francine, une Américaine qui est à Paris pour prendre des cours de théâtre. Elle veut devenir actrice. Un jour, Francine appelle Thomas au téléphone et elle lui dit en anglais un beau texte d'une femme qui annonce à son ami que leur amour est fini. Thomas ne comprend pas que c'est un texte que Francine doit jouer. Il pense qu'elle veut vraiment le quitter. Il revoit les images de leurs moments heureux.

a *Ecoutez la bande son[2] du film en regardant ces trois photos du film: Thomas se rappelle leur histoire.*

b *Ecoutez une deuxième fois la bande son du film. Quelles phrases sont dans le film? Cochez les réponses.*

☐ Tu as quitté Boston. ☐ Je t'ai montré notre quartier, mes bars. ☐ Tu faisais la vaisselle. ☐ J'ai écouté les textes que tu répétais. ☐ Tu apprenais le français. ☐ On allait au cinéma. ☐ On allait danser. ☐ Tu allais en cours. ☐ On riait. ☐ Tu pleurais. ☐ On nageait. ☐ Tu criais. ☐ Je t'accompagnais au conservatoire. ☐ Je révisais mes examens. ☐ Le temps passait. ☐ On s'aimait. ☐ I see you.

c *Quelle photo correspond à chaque phrase? Ecrivez les numéros.*

☐ J'ai écouté les textes que tu répétais. ☐ I see you. ☐ Tu criais.

d *Travaillez à deux. Racontez ensemble l'histoire de ce court métrage en quelques phrases.*

parler

1 **aveugle** blind – 2 **la bande son** die Tonspur

6 Le meilleur restaurant du quartier *(G 5, 6) → nach SB Ü 5*

Après une grande journée de travail, les acteurs et les actrices vont manger ensemble dans un restaurant. *Complétez les phrases et utilisez **l'adjectif ou l'adverbe**.*

! Les adjectifs s'accordent avec le nom, les adverbes ne changent jamais!

bon (4x) | bien | mieux (2x) | meilleur | rapide | vite | mal | mauvais

Délices, c'est un ________ ☺ restaurant. J'y ai toujours très ________ ☺ mangé. Les salades sont ____________ ☺, mais les mini-quiches sont encore ____________________ ☺ ☺. Ici, on mange ____________ ☺ ☺ que dans le resto d'en face. Les cuisiniers sont sympas et ______________, alors les clients sont toujours servis très ________: en moins d'un quart d'heure. L'ambiance y est calme et ___________ ☺. Et en plus, on peut y manger très tard, après nos longues journées de tournage. Malheureusement, les serveurs[1] sont assez ________ ☹ payés. Mais c'est ____________ ☺ que de travailler dans une ________________ ☹ ambiance. On va leur donner un ________ ☺ pourboire[2].

7 Quand a commencé votre carrière? *→ nach SB Ü 4* — communiquer

a *Travaillez à deux. Le partenaire A est un animateur (une animatrice) radio qui travaille pour Europe 2. Le partenaire B joue un acteur (une actrice) connu(e). Faites l'interview.*

b *Echangez les rôles.*

A (Europe 2)	B (Acteur/Actrice)
Du fragst, welches sein/ihr erster Film war.	(Quel a été votre premier film?)
(D'abord, j'ai joué dans une comédie. On a tourné le film aux Antilles./Le film a été tourné aux Antilles)	Du hast zuerst in einer Komödie gespielt. Der Film wurde auf den Antillen gedreht.
Er / Sie hat in einem Krimi mit viel Spannung gespielt. Du möchtest wissen, ob er / sie seine Rolle als Kommissar(in) gemocht hat.	(Vous avez joué dans un film policier avec beaucoup d'action. Est-ce que vous avez aimé votre rôle de commissaire?)
(Oui, mais j'aime mieux les rôles qui ne sont pas artificiels et qui touchent les gens.)	Ja, aber du magst lieber Rollen, die nicht künstlich sind und die Menschen berühren.
Du fragst, welche Hauptrolle er / sie im Moment spielt.	(Vous jouez quel rôle principal actuellement?)
(Je joue le rôle d'un étudiant/d'une étudiante qui habite dans une colocation. L'histoire est très bien construite et très touchante. J'aimerais beaucoup/vraiment que le film reçoive un prix à Cannes.)	Du sagst, dass du die Rolle eines Studenten / einer Studentin spielst, die / der in einer WG wohnt. Die Geschichte ist sehr gut aufgebaut und sehr rührend. Du würdest dich unheimlich freuen, wenn der Film einen Preis in Cannes gewinnen würde.
Du bedankst dich für den Besuch ins Studio und wünschst ihm / ihr viel Glück in Cannes.	(Merci de votre visite à notre studio et bonne chance à Cannes.)

1 **les serveurs** die Bedienung – 2 **un pourboire** Trinkgeld

1 Une histoire au passé composé *(G 4)*

a *Soulignez en rouge les verbes qui forment leur* ***passé composé avec être****.*

b ***Ecrivez au passé composé*** *ce que* ***Fanny*** *puis ce que* ***Jean*** *et* ***Hugo*** *ont fait hier. Vous pouvez ajouter des détails pour avoir une petite histoire.*

Fanny	Jean et Maxime

• aller au cinéma	• aller à un match de foot
• attendre une heure	• payer leur ticket
• adorer le film	• entrer dans le stade
• se dépêcher, courir	• être déçu
• avoir de la chance	• discuter avec d'autres jeunes
• monter dans le bus	• rentrer chez eux.

Fanny ______________________________

Jean et Maxime ______________________________

△ 2 Ils sont partis. *(G 4)*

Voici un résumé de «Quais de Seine».
Trouvez les bons accords du participe passé.
Ecrivez la bonne terminaison.

François et ses copains se sont retrouvé___ sur un quai de Seine. Il y avait une fille à côté d'eux. Ils ont vu___ qu'elle portait le voile. La fille a joué___ avec son portable, puis elle est parti___. Mais en partant, elle est tombé___. François l'a aidé___ à se relever. Ils se sont regardé___. François lui a souri___. La fille est parti___, mais François l'a suivi___, parce qu'il la trouvait intéressante. Il est allé___ jusqu'à la mosquée, et il l'a attendu___. Quand elle est sorti___, la fille a reconnu___ François et elle l'a présenté___ à son grand-père qui était aussi à la mosquée. Ils ont commencé___ à parler, puis le grand-père de Zarqa (c'était le nom de la fille) a invité___ François à venir avec eux. Ils sont parti___ tous les trois.

3 Qu'est-ce qu'on dit en français?

Du hast mit französischen Freunden einige Filme beim Festival „Cinéfête" gesehen. Ihr diskutiert über die verschiedenen Filme und tauscht eure Meinung aus.

1. Du sagst, dass du den Krimi sehr gut fandest, weil die Geschichte gut aufgebaut war.

Du: ______________________________

2. Der Zeichentrickfilm hat Aline überhaupt nicht gefallen, die Zeichnungen waren sehr künstlich.

Aline: ______________________________

3. Antoine sagt, dass die Geschichte ihn trotzdem berührt hat.

Antoine: ______________________________

4. Nicolas fügt hinzu, dass die Hauptdarstellerin der Komödie sehr natürlich und sehr hübsch war.

Nicolas: ______________________________

5. Du fandest, dass die Geschichte der Komödie nicht logisch und sehr langweilig war.

Du: ______________________________

6. Aline ist der Meinung, dass die Spezialeffekte des Science-Fiction-Films nicht sehr gut waren.

Aline: ______________________________

7. Du bist ihrer Meinung und fügst hinzu, dass dieser Film beim Festival von Cannes sicherlich deswegen die Goldene Palme nicht gewonnen hat.

Du: ______________________________

____

4 Bon ou bien? *(G 5)*

Complétez les phrases avec bon ou bien.

> **!** ***Bien*** hat nur eine Form.
> ***Bon*** hat 4 Formen: bon, bons, bonne, bonnes.

1. Mmm! Tu fais très ________ la cuisine! C'est très ________ !

2. Je ne suis pas très ________ en Handball, mais j'aime ________ faire du sport.

3. Si tu travailles ________, tu auras des ________ notes.

4. J'aime ________ tes gâteaux, ils sont toujours très ________ !

Dossier 4

atelier A

1 Paris à la loupe → *nach Texteinführung*

a *Vous reconnaissez Paris? A quels monuments ou places de Paris correspondent ces détails? Si vous n'êtes pas sûr(e)s de vous, vérifiez sur Internet en cliquant dans google.fr sur «images».*

b *Est-ce que vous connaissez d'autres monuments ou d'autres endroits de Paris? Parlez-en avec votre partenaire. Dites ce que vous savez à leur sujet.*

l'Opéra Bastille

la Pyramide du Louvre

le Sacré-Cœur

Notre-Dame

l'Arc de Triomphe

la Place des Vosges

1. ______________________
2. ______________________
3. ______________________
4. ______________________

2 Un quiz sur Paris → *nach Texteinführung*

a *Vous avez bien lu le texte sur Paris? Alors fermez vos livres et entourez les bonnes réponses.*

1. Le premier nom de Paris, c'était A Lugdunum. M Lutèce. I Massilia.	2. Marie-Antoinette est morte L en sortant de son château. S dans son lit. R sous la guillotine.	3. La cathédrale de Paris peut accueillir N 6 500 M 1 345 T 13 000 personnes.	4. La grosse cloche de Notre-Dame s'appelle D Quasimodo. T Emmanuel. S Saint-Michel.
5. François Mitterrand a fait construire E la BNF. V la Bastille. N le musée du Louvre.	6. La Bastille a été détruite R en 1789. A en 1790. E en 1793.	7. Le pourcentage de Français qui habitent aujourd'hui dans la capitale est de T 25 %. N 33 %. O 17 %.	8. Napoléon Ier a fait construire R la Grande Arche. S Notre-Dame. T l'Arc de Triomphe.
9. Au XIXe siècle, Montmartre était le quartier A des acteurs. R des artistes. E des architectes.	10. Henri IV a fait construire la place M des Vosges. N de la Lorraine. P de Strasbourg.		

b *Mettez les lettres dans le bon ordre. Trouvez le mot mystère.*

Le mot mystère: ______________________

3 Quand j'étais petit(e) … *(G 8)* → vor SB Ü 4

Qu'est-ce que vous faisiez quand vous étiez petit(e)s? Qu'est-ce que vos grands-parents, vos parents, vos voisins faisaient? Décrivez les ***situations*** *au passé et dites* ***ce que vous faisiez souvent …***

Quand j'étais petit(e), …

(avoir qc) j'avais ______________________

(vivre à …) ______________________

(être) ______________________

(aller à …) ______________________

(faire qc) ______________________

(ne pas acheter qc) ______________________

(s'endormir) ______________________

(lire) ______________________

(courir) ______________________

(rigoler) ______________________

4 A Paris, il y a longtemps. *(G 8)*

Regardez les photos et dites en quoi la vie au XIXe siècle était différente de la vie d'aujourd'hui. Faites six phrases à ***l'imparfait*** *et six phrases au* ***présent****. Ecrivez dans votre cahier.*

	Dans le passé, …	Aujourd'hui, …
on les gens les hommes les femmes les jeunes les enfants	marcher à pied aller à cheval / en voiture à cheval avoir des fauteuils à bascule[1] avoir beaucoup d'enfants porter des chapeaux une robe longue prendre une ombrelle[2] contre le soleil …	prendre le métro faire du roller avoir des chaises longues avoir peu d'enfants porter des casquettes des minijupes, des jeans avoir des lunettes de soleil …

1 **un fauteuil à bascule** ein Schaukelstuhl – 2 **une ombrelle** ein Sonnenschirm

5 Paris et les impressionnistes *(G 9)*

Renoir: Le Bal du Moulin de la Galette (1876)

a *Imparfait ou passé composé? Complétez avec le bon temps.*

> **!**
> - **Zustand, Gewohnheit:** *(il y a, souvent, toujours …)* → **imparfait**
> - **Ereignis:** *(tout à coup, puis, ensuite, une fois …)* → **passé composé**

Pierre-Auguste Renoir est né à Limoges en 1841.

Quand il __________ (être) petit, sa famille __________ (s'installer) à Paris. A 13 ans, Pierre-Auguste __________ (commencer) à peindre sur de la porcelaine[1], qui est d'ailleurs la spécialité de Limoges. Il __________ (s'intéresser) déjà beaucoup à l'art et __________ (aller) souvent au musée du Louvre. En 1862, il __________ (commencer) ses études à l'école des Beaux-Arts. Il y __________ (rencontrer) les peintres Claude Monet et Alfred Sisley. Ensemble, ils __________ (créer) le groupe des impressionnistes. En 1880, Renoir __________ (rencontrer) Aline Charigot qui __________ (avoir) 20 ans. Ils __________ (se marier) en 1890, cinq ans après la naissance de leur fils Pierre. Renoir __________ (aimer) surtout peindre les gens. Certains de ses tableaux __________ (devenir) très célèbres comme par exemple *Le Bal du Moulin de la Galette:* le dimanche après-midi, les gens __________ (se retrouver) souvent sur la Butte Montmartre et ils __________ (danser). Les impressionnistes __________ (faire) toujours leurs tableaux dehors.

b *A la fin du XIXe siècle, **l'impressionnisme** est un nouveau style de peinture. Ce style est né à Paris. Voilà deux tableaux du peintre Monet. Ecoutez la description d'un tableau. Lequel est-ce?*

c *Maintenant lisez la stratégie **S17** dans votre livre page 236. Ecoutez la description une deuxième fois et notez les mots utiles pour décrire un tableau.*

Monet: Terrasse Sainte-Adresse

Monet: Déjeuner

d *Voilà quelques peintres impressionnistes. Faites des recherches et une fiche biographique sur un artiste de votre choix. Présentez cet artiste à la classe. Montrez et décrivez un de ses tableaux en utilisant les mots de la stratégie **S17**.*

> Camille Pissarro (1830–1903) / Edgar Degas (1834–1917) / Alfred Sisley (1839–1899)
> Claude Monet (1840–1926) / Pierre-Auguste Renoir (1841–1919)

1 **la porcelaine** Porzellan

atelier B

6 Votre attention, s'il vous plaît! → *nach Texteinführung*

Relisez le texte B de la leçon, puis fermez votre livre. Lisez les phrases ci-dessous. Soulignez les informations fausses et écrivez les bonnes informations dans la colonne de droite. Il y a une faute par phrase.

1. Le métro de Paris a été inauguré il y a 200 ans.	1. ______________________
2. Il marche à l'essence.	2. ______________________
3. En 1946, il y avait moins de passagers qu'aujourd'hui.	3. ______________________
4. La nouvelle ligne de métro *Météor* est conduite seulement par des conductrices.	4. ______________________
5. Il y a maintenant 14 lignes de métro à Paris.	5. ______________________
6. A la RATP, 50 % des employés sont des femmes.	6. ______________________

VOC 7 La petite histoire du métro → *nach Texteinführung*

a *Trouvez les mots français. N'oubliez pas les articles des noms!*

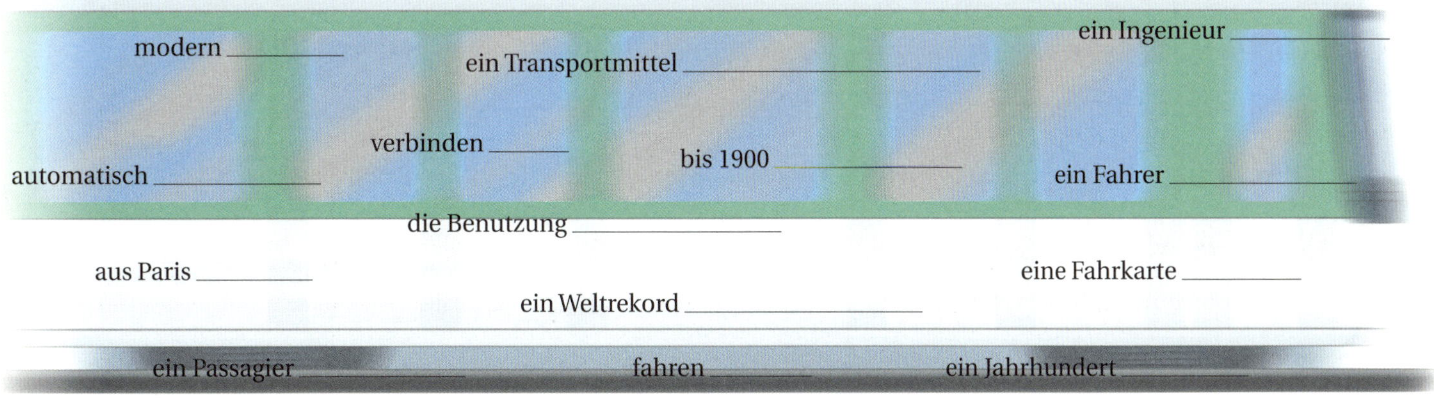

b *Complétez le texte avec ces mots.* Attention à la forme et au temps des verbes!

1. ______________ 1900, il n'y avait pas de métro à Paris. 2. C'est ______________ Fulgence Bienvenüe qui a suivi les travaux de la première ligne de métro. 3. Cette ligne ______________ l'est à l'ouest de Paris. 4. Après un incendie catastrophique il y a plus d'______________, en 1903, les wagons en bois ont été remplacés par des wagons en métal. 5. Aujourd'hui, la ligne la plus ______________, c'est MÉTÉOR. 6. Ses wagons ______________ à 43 km/h. 7. C'est ______________ pour un métro qui est ______________ et qui marche sans ______________! 8. Mais le métro ______________ le plus rapide peut rouler jusqu'à 79 km/h! 9. Même s'il y a beaucoup de ______________ à Paris (la voiture, le bus, le taxi) le métro reste le grand favori avec ______________ d'environ 1,3 milliard de ______________ par an.

auto-contrôle

1 Le symbole de Paris (G 9, 23)

a Pour raconter des histoires au passé composé, il faut connaître les participes passés!
Trouvez les participes passés avec les lettres données. Soulignez en rouge les quatre verbes qui forment leur passé composé avec «être».

du, du, é, é, é, é, é, é, i, i, i, is, t, t, u, u, u, u, u

all☐ – donn☐ – voul☐ – fêt☐ – atten☐☐ – invit☐ – fai☐ – ét☐ – pr☐☐ – aim☐ – écri☐ – l☐ – deven☐ – ven☐ – dorm☐ – chois☐ – per☐☐ – e☐ – part☐

b *Complétez avec le bon temps:* ***passé composé ou imparfait?***

1. En 1989, la tour Eiffel ______ (fêter) ses 100 ans. 2. C'est l'ingénieur Gustave Eiffel qui ______ (donner) son nom à cette tour. 3. Eiffel ______ (vouloir) construire le monument le plus haut du monde: une tour de 300 mètres! 4. Même la cathédrale de Paris ne ______ (faire) que 96 mètres de hauteur. 5. Gustave Eiffel ______ (avoir) une idée géniale: il ______ (vouloir) construire sa tour en fer, pas en pierre[1], pour qu'elle ne soit pas trop lourde. 6. D'abord, Eiffel ______ (faire) les plans. 7. Ensuite, on ______ (fabriquer) les pièces. 8. Puis on les ______ (relier) comme des morceaux de puzzle. 9. Au début, beaucoup d'artistes et de Parisiens ______ (ne pas aimer) la tour Eiffel. 10. On ______ (devoir) même la détruire[2] après l'exposition universelle[3]. 11. Mais elle ______ (avoir) beaucoup de succès à l'exposition, alors on l'______ (garder). 12. Aujourd'hui, elle ______ (devenir) le symbole de Paris.

2 Paris, la ville des superlatifs (G 7)

Complétez avec ***le superlatif*** ⇧ *ou* ***le comparatif*** ⬀ ⬂ .

1. Paris, c'est ______ (grand) ⇧ ville de France. 2. Elle est ______ (grand) ⬀ Marseille et Lyon ensemble! 3. On y trouve les musées ______ (beau) ⇧ France. 4. Le tableau ______ (connu) ⇧ Louvre, c'est *la Joconde* de Léonard de Vinci. 5. La tour Eiffel est ______ (haut) ⬀ Notre-Dame, mais elle est ______ (haut) ⬂ le Mont-Blanc, qui est la montagne ______ (haut) ⇧ Europe.

1 **une pierre** ein Stein – 2 **détruire** abbauen / zerstören – 3 **une exposition universelle** eine Weltausstellung

3 Vocabulaire pour parler de Paris

Trouvez les mots qui correspondent aux définitions.

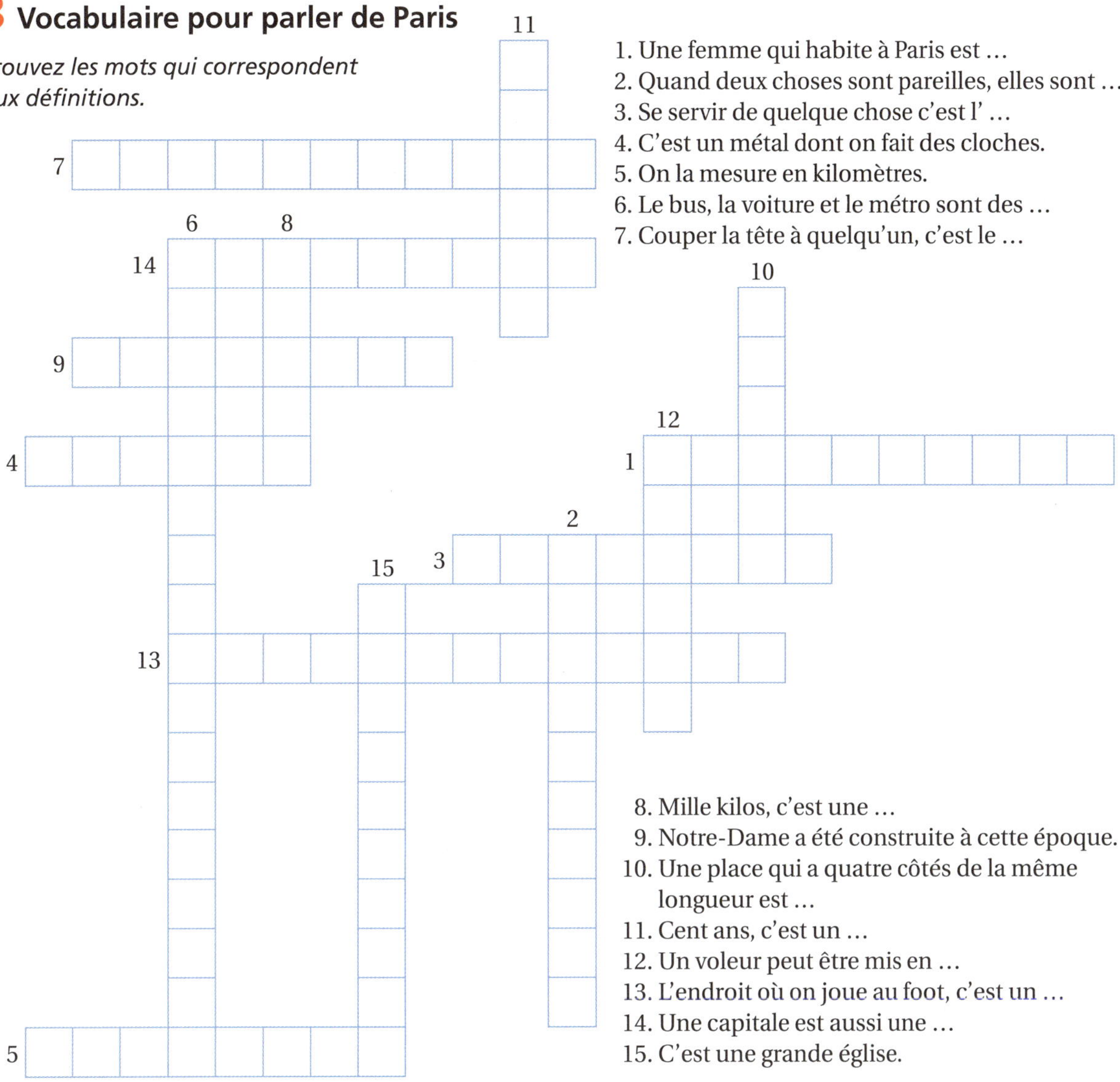

1. Une femme qui habite à Paris est …
2. Quand deux choses sont pareilles, elles sont …
3. Se servir de quelque chose c'est l' …
4. C'est un métal dont on fait des cloches.
5. On la mesure en kilomètres.
6. Le bus, la voiture et le métro sont des …
7. Couper la tête à quelqu'un, c'est le …
8. Mille kilos, c'est une …
9. Notre-Dame a été construite à cette époque.
10. Une place qui a quatre côtés de la même longueur est …
11. Cent ans, c'est un …
12. Un voleur peut être mis en …
13. L'endroit où on joue au foot, c'est un …
14. Une capitale est aussi une …
15. C'est une grande église.

4 Qu'est-ce qu'on dit en français?

Auf dem Rückweg von deiner Parisreise besuchst du eine französische Freundin in Straßburg.
Schreibe den Dialog.

1. Die Freundin will wissen, wo du in Paris gewohnt hast.

____

2. Du sagst, dass du in der Nähe der Metrostation Saint-Paul bei Freunden gewohnt hast.

____

3. Die Freundin fragt, was du in Paris besichtigt hast.

____

4. Du antwortest, dass du Montmartre toll gefunden hast, weil es ein Dorf in der Metropole ist.

____

5. Du sagst, dass du jeden Tag mindestens drei Mal die Metro benutzt hast.

____

Dossier 5

atelier A

1 Vivre sans médias? → *nach Texteinführung*

a Vrai, faux ou pas dans le texte? *Lisez le texte du livre page 36. Soulignez les **six phrases fausses**.*

b *Cochez les dix phrases correctes. Barrez les cinq phrases dont le contenu n'est pas dans le texte.*

c *Corrigez les six phrases fausses dans votre cahier.*

1. **Adam** …
- [ ] a) écoute différentes radios.
- [ ] b) écoute la radio sur Internet.
- [ ] c) écoute *Europe 1* toute la journée.

2. Pendant l'expérience, il …
- [ ] a) a remplacé sa radio par son lecteur mp3 et son ordinateur.
- [ ] b) a lu les informations humoristiques dans le journal.
- [ ] c) a lu deux journaux par jour.

3. **Marion** …
- [ ] a) regarde les émissions de sport sur *France 2*.
- [ ] b) regarde la télé en faisant ses devoirs.
- [ ] c) adore les émissions de sport et les infos.

4. Pendant l'expérience, elle …
- [ ] a) a souvent joué à un jeu de société avec sa famille.
- [ ] b) a réussi à ne pas regarder la télé.
- [ ] c) a acheté une nouvelle télécommande.

5. **Julie** …
- [ ] a) passe une à cinq heures par jour devant son ordinateur.
- [ ] b) ne chatte que quand elle a fini ses devoirs.
- [ ] c) utilise surtout Internet pour chatter et pour jouer.

6. Pendant l'expérience, elle …
- [ ] a) avait très envie de chatter.
- [ ] b) n'est pas arrivée à tenir deux semaines sans ordinateur.
- [ ] c) a craqué après trois jours sans ordinateur.

7. **Les Français** …
- [ ] a) aiment les enquêtes.
- [ ] b) se priveraient plus facilement du net que de la télévision.
- [ ] c) se priveraient plus facilement du téléphone que d'Internet depuis 2007.

2 Et toi, qu'est-ce que tu ferais? *(G 11, 18)* → *vor SB Ü 2*

a *Complétez avec les verbes **à l'imparfait** ou **au conditionnel**.*

> **!** Im irrealen *si*-Satz:
> *si* + imparfait … conditionnel

1. Si quelqu'un t' ________ (offrir) 500 euros, qu'est-ce que tu en ________ (faire)? 2. Si j' ________ (avoir) 500 euros, je m' ________ (acheter) un nouveau portable et j' ________ (aller) faire du shopping avec une copine. 3. On ________ (choisir) deux jolies vestes et je les ________ (payer). Et le reste de l'argent, je le ________ (donner) aux *Restos du cœur* parce qu'ils font un super travail.

b *Et vous, si vous aviez 500 euros, qu'est-ce que vous en feriez? Répondez en utilisant **le conditionnel**.*

3 L'expérience de Thomas et Justine (G 10) → nach SB Ü 3

Julie fait un reportage sur les jeunes et Internet.
*Ecrivez **au discours indirect**[1] **présent** ce que Thomas lui dit puis au **discours indirect passé** ce que Justine lui a dit hier.*

Thomas: Je suis très accro aux jeux en ligne. Je joue tous les jours, surtout le soir et la nuit. Je n'ai pas vraiment d'amis au collège parce que je suis timide et quand je rentre chez moi, je joue sur mon ordinateur avec mes partenaires du monde entier.

Thomas explique qu'il ______________________

Il dit qu' ______________________

Il ajoute qu' ______________________

et que ______________________

____

Justine: Je n'imagine pas ma vie sans MSN et sans mon blog. J'emporte mon ordinateur portable partout. Quand, j'ai un problème de connexion à Internet, je suis stressée parce que je ne peux communiquer avec personne. Le matin, je me jette sur mon ordi pour lire les commentaires postés par les visiteurs.

Hier, Justine a expliqué qu' ______________________

Elle a ajouté qu' ______________________

Elle a raconté que ______________________

____

Elle a dit que ______________________

____

4 Les Français et la lecture. → nach SB Ü 4 écouter

a Petit, moyen ou grand lecteur?
Ecoutez l'émission de radio et complétez ces phrases.

Un «grand lecteur» lit ______________ livres par an.

Un «lecteur moyen» lit ______________ livres par an.

Un «petit lecteur» lit ______________ livres par an.

b *Ecoutez une deuxième fois l'émission et remplissez le tableau avec les pourcentages.*

	Mars 2008
Pourcentage de lecteurs en France	________
Pourcentage des grands lecteurs	________
Pourcentage des lecteurs moyens	________
Pourcentage des petits lecteurs	________

c Est-ce que les internautes (Internetbenutzer) lisent plus ou moins que les personnes qui n'utilisent pas Internet? Est-ce que cela vous étonne[2]? *Répondez.*

d Et vous, quel type de lecteur / lectrice êtes-vous?
Dites-le à votre voisin(e). Parlez aussi du dernier livre que vous avez lu. parler

1 **le discours indirect** die indirekte Rede – 2 **Est-ce que cela vous étonne?** Wundert es euch?

5

5 Accro à l'ordi? → *nach SB Ü 5*

a *Faites votre test. Cochez A, B ou C.*

		A	B	C
1. Tu es devant ton ordi	A = moins de 9 heures par semaine. B = plus de 9 heures par semaine. C = pas tous les jours.			
2. Quand tu pars pour une semaine en vacances,	A = tu te jettes sur ton ordinateur à ton retour. B = tu emmènes ton ordinateur. C = ton ordinateur ne te manque pas.			
3. Tu joues ou tu chattes jusque très tard dans la nuit.	A = Parfois. B = Souvent. C = Rarement.			
4. Tu te connectes sur les messageries instantanées.	A = Tous les jours. B = Toute la journée. C = Pas tous les jours.			
5. Tu utilises surtout Internet pour	A = communiquer. B = jouer. C = faire des recherches.			
6. Tu as des amis que tu as rencontrés sur un forum, par messagerie ou sur un blog et que tu n'as jamais vus.	A = Oui, un ou deux. B = Oui, beaucoup. C = Non.			
7. Quand tu t'ennuies, tu vas devant ton ordinateur.	A = Oui, mais rarement. B = Oui, souvent. C = Non, jamais.			

b *Comptez vos points: A = 2 points; B = 3 points C = 1 point.*

c *Regardez maintenant les résultats. Alors? Accros ou pas accros?*

- **De 7 à 11 points:** Tu utilises ton ordinateur mais tu t'intéresses aussi à beaucoup d'autres choses. Tu n'es pas accro à l'ordi. Si tu veux, tu peux regarder les chaînes de télévision *TF1* ou *A2* en français sur Internet. C'est comme un petit voyage virtuel en France. Au début, c'est difficile, mais tu comprendras de plus en plus de choses et les images des films t'aideront.
- **De 12 à 16 points:** L'ordinateur occupe une grande place dans ta vie. Tu peux devenir accro, si tu ne fais pas attention. Pense à faire des pauses régulièrement: Sors, téléphone à quelqu'un ou allume ta radio. Attention, après avoir appris une leçon, ne joue pas sur ton ordinateur, parce que ta mémoire[1] fonctionnera moins bien.
- **De 17 à 21 points:** Tu es vraiment accro à l'ordinateur. Tu vis dans un monde assez virtuel. N'oublie pas tes copains du monde réel. Quand tu vas sur ton ordi, fais sonner ton réveil une heure après pour faire une pause. Ne laisse pas ton ordinateur allumé toute la journée, comme ça tu seras moins tenté de l'utiliser. Essaye de passer une journée par semaine sans ordinateur et fais du sport ou va voir des copains.

atelier B

6 Les espions du net → *nach Texteinführung*

Corrigez le texte. Ecrivez et comparez avec votre partenaire le texte corrigé dans votre cahier.

Quand vous donnez votre avis sur un forum ou quand vous écrivez un blog, personne ne peut lire votre message. Pour trouver votre site, c'est facile, il suffit d'écrire votre adresse sur une feuille de recherche. En effet, votre site est archivé dans une disquette. Attention, vous ne pouvez plus effacer ce que vous avez écrit, même quand vous l'avez effacé: Les moteurs de recherche gardent pendant plusieurs semaines des copies de votre site. On peut aussi retrouver toutes les recettes que vous avez écrites sur un forum quand on connaît votre adresse e-mail. Les sociétés de veille achètent vos opinions et elles les donnent à des grosses entreprises.

1 **la mémoire** das Gedächnis

VOC 7 L'ordinateur → *vor SB Ü3*

a Comment s'appellent ces parties de l'ordinateur? *Reliez le nom à la partie de l'ordinateur.*

l'écran

la souris

le graveur de DVD

la clé USB

l'imprimante

le clavier

la webcam

le port USB

b *Maintenant, essayez de comprendre, ce qui est arrivé à Frank.* ***communiquer***
Dites en allemand, à votre ami qui ne comprend pas le français, ce qui est arrivé à Frank.
Frank hat eine neue …

Frank: J'ai acheté un nouveau logiciel pour faire le montage des films de mes voyages. Mais il n'y avait pas assez de mémoire sur mon disque dur. Alors je n'ai pas pu l'installer.
J'ai donc décidé de préparer la présentation que je devais faire sur PowerPoint. Mais j'étais stressé et j'ai oublié d'enregistrer mon document dans un fichier. J'ai perdu tout le travail que j'avais fait! Alors pour me calmer, j'ai téléchargé des chansons cool sur un site de vente de musique. Quelle journée!

8 stratégie Recherches sur Internet et présentation PowerPoint

Vous voulez faire une présentation sur un(e) artiste française(e). Dans quel ordre allez-vous faire les choses?
a *Mettez les phrases dans le bon ordre, puis lisez la stratégie.*

	Avec mes mots-clés et les mots et expressions que je connais, j'écris un texte en français qui accompagnera ma présentation. Je peux utiliser mon dictionnaire pour les mots difficiles.
	Je fais ma présentation deux ou trois fois chez moi pour bien connaître mon texte et parler sans lire mes notes. Voilà, je suis prêt(e)!
	Si le chanteur / la chanteuse me plaît, je cherche des informations sur sa biographie, ses concerts, les paroles de ses chansons etc. et je les enregistre sur le disque dur ou sur une clé USB. Je copie quelques photos. Je peux aussi télécharger une chanson sur un site de vente de musique.
1	D'abord, je décide de présenter, par exemple, un chanteur. Alors j'écris «chanteur français site officiel» dans un moteur de recherche: google.fr ou yahoo.fr … J'obtiens une liste de sites officiels de chanteurs français. J'en choisis un et je clique sur le lien.
	Après mes recherches, je lis les informations, puis je prépare sur PowerPoint une structure avec des titres et des mots-clés. Ensuite, je mets quelques photos dans ma présentation.
	Pour savoir si le chanteur (ou la chanteuse) me plaît, j'écoute des extraits de chansons dans la rubrique discographie. S'il / Si elle ne me plaît pas, je retourne à la page précédente et je continue ma recherche avec un autre nom et un autre site officiel.

b *Préparez une courte présentation sur une star francophone et présentez-la à votre classe.*
Pour vous aider, regardez les pages «en situation 1 et 2» page 76-77 et la stratégie **S5**.

5

auto-contrôle

1 Qu'est-ce qu'on dit en français?

Du chattest in einem Forum über die Gefahren des Internet.

1. Du schreibst, dass die große Mehrheit der Heranwachsenden nicht mehr ohne Internet leben könnte.

____

____

2. Du warnst davor, dass man süchtig werden kann, wenn man die ganze Zeit online spielt.

____

____

3. Du erwähnst, dass jeder lesen kann, was du in einem Blog oder Forum geschrieben hast.

____

____

4. Du fügst hinzu, dass die Suchmaschinen über mehrere Jahre hinweg die Spuren der Internetseiten bewahren.

____

____

5. Du gibst zu, dass du all diese Gefahren kennst, es aber nicht ertragen könntest, nicht mehr zu chatten.

____

____

2 Vocabulaire

Trouvez les mots.

1. Les jeux avec une console sont des jeux sur l'ordinateur, et les jeux de cartes sont des _______________
2. Quand tu veux regarder la télé, il faut d'abord l' _______________
3. Le contraire d'allumer, c'est _______________
4. Martin se promène et écoute de la musique sur son _______________ mp3.
5. Pour chercher des informations sur Internet, on utilise _______________
6. Si tu as besoin de logiciels, tu peux les _______________ sur Internet.

3 La prof a demandé si … *(G 10)*

Mettez les phrases et les questions au ***discours indirect passé****.*

1. *La prof:* «Est-ce que vous avez fait le sondage sur Internet?»

   La prof nous a demandé ______________________________

2. *Un élève:* «La majorité des élèves l'a fait.»

   Un élève a répondu ______________________________

3. *Un autre élève:* «Plus de la moitié des personnes que j'ai interrogées passe au moins deux heures par jour devant l'ordinateur.»

   Un autre élève a expliqué ______________________________

   ____

4. *La prof:* «Beaucoup de jeunes téléchargent de la musique.»

   La prof a indiqué ______________________________

4 Sur Internet ou devant la télé

Marion a écrit dans son journal intime.
Mais elle a fait trois fautes par phrase!!!
Trouvez les fautes et écrivez les phrases correctes.

1. Tout les soirs, je me jete sur la télécommande pour allumé la télé.

   Tous ______________________________

   ____

2. Je suis fièr d'avoir réussi de se passer de télé.

   ____

   ____

3. Je me suis connectée à MSN pour chatté avec mes copines, puis j'est joué en linie.

   ____

   ____

4. Julie dise qu'elle utilisent Internet pour télécharger des logiciel.

   ____

   ____

Dossier 6

atelier A

VOC **1 Le monde des journaux** → *nach Texteinführung*

a *Complétez la grille. N'oubliez pas les accents.*

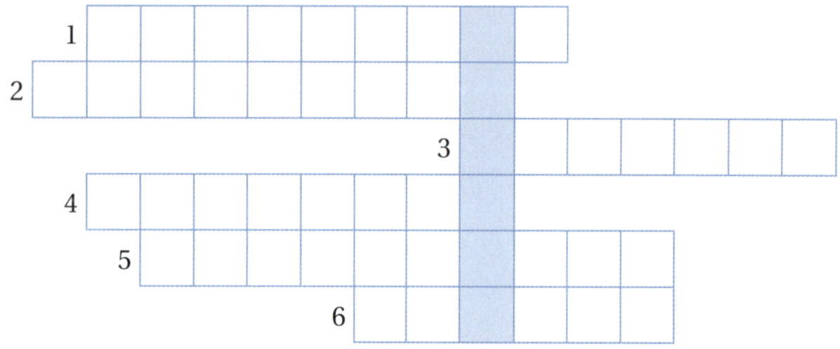

1. Un journal qui est publié tous les jours, c'est un ?
2. Le directeur de la rédaction d'un magazine s'appelle le ? en chef.
3. Une personne diffamée dans un article a le droit de porter ? contre le journal.
4. Les journalistes fabriquent l'actualité qui plaira à leurs ? .
5. Chaque journal fait sa hiérarchie de l'information en décidant quels ? sont plus importants que les autres.
6. Le rôle du journaliste est de transmettre des informations ? .

b *Quel est le mot de la solution (le mot en bleu)?*

Mettez les lettres dans le bon ordre:. ______________________

2 Les médias et nous → *nach Texteinführung* ***parler***

a *A deux. Le partenaire A cache la colonne B, le partenaire B cache la colonne A.*
Posez la question ou donnez la réponse. Vous pouvez aider votre partenaire avec les solutions en gris.
b *Echangez les rôles.*

Ⓐ	Ⓑ
Donne-moi cinq noms de journaux ou magazines français. (Comme journaux, je connais *Le Monde, Le Figaro, Libération* et comme magazines, *Le Nouvel Observateur, L'Équipe, Marie-Claire, Elle*.)	Comme journaux, je connais … et comme magazines, …
Le rédacteur en chef et son équipe choisissent …	Comment le rédacteur en chef et son équipe font-ils une hiérarchie de l'information? (Le rédacteur en chef et son équipe choisissent les événements qui doivent être annoncés. Ils décident aussi dans quel ordre ils veulent les annoncer.)
En France, il y a la liberté de la presse, qu'est-ce que c'est exactement? Et quelles sont ses limites? (Grâce à la liberté de la presse, les journalistes ont le droit de donner leur opinion sur les faits et de les critiquer. Mais ils n'ont pas le droit de diffamer quelqu'un.)	Grâce à la liberté de la presse, les journalistes ont le droit de… Mais ils n'ont pas le droit de …
On peut …	Pour s'informer, il y a la presse. Quelles sont les autres possibilités de s'informer? (On peut écouter la radio, regarder la télé, lire des livres, surfer sur Internet, participer à des discussions, faire des voyages.)

c Avez-vous confiance dans les médias que vous consultez? Utilisez-vous ces médias pour vous faire une opinion? Recherchez-vous vos informations dans différents médias pour comparer?
Discutez à deux. Donnez des exemples.

3 Flashs-infos → nach SB Ü2 *écouter*

a *Ecoutez les informations sur deux radios différentes. Dans quel ordre y sont présentés les événements? Numérotez-les.*

Flash-infos 1	Flash-infos 2
________ Tennis	________ Tennis
________ Vents violents	________ Vents violents
________ Concert	________ Manifestations aux Etats-Unis
________ Politique	________ Politique
	________ Procès d'une catastrophe écologique
	________ Palestine

b *Comparez les deux flashs-infos.*

Quelles sont les priorités de chaque radio?
Est-ce que le style est décontracté[1], sérieux?

c *Faites la hiérarchie des informations selon vos préférences.*
Quelles catégories d'informations préférez-vous?
La météo, le cinéma, la politique, l'écologie … ?

4 Festival *Expresso* (G 13) → nach SB Ü4 *écrire*

a Chaque année, des jeunes se rencontrent à Paris pour participer au festival *Expresso*, le festival de la presse jeune. De 16 heures à 7 heures du matin, chaque équipe a 15 heures pour réaliser un journal de dix articles. Voici les conseils de Théo pour bien se préparer au festival.

*Dans votre cahier, écrivez ses conseils à **l'impératif:** 1. au singulier, 2. au pluriel*

b Le festival Expresso ouvre ses portes à des jeunes journalistes allemands. *Travaillez à deux. Choisissez un sujet d'actualité sur votre collège, votre ville … Qu'est-ce que vous critiquez et qu'est-ce que vous proposez pour améliorer la situation? Ecrivez un petit article. Donnez-lui un titre qui donne envie de lire votre article. Vous pouvez aussi dessiner une caricature ou ajouter une photo.*

c *Ensuite, rassemblez tous les articles de la classe en un magazine ou un blog.*

1 **décontracté** locker – 2 **le crayon de couleur** der Farbstift

VOC 5 Téléphoner pour gagner → *vor «avant la lecture»*

écouter

a *Ecoutez le texte «avant la lecture» une première fois. Trouvez la traduction des mots nouveaux. Reliez les paires.*

décrocher la prime	auflegen
les gars	an das Geld kommen
les bagnoles	die Einweihung
l'inauguration	die Nachrichtensendung
le journal	der Ansprechpartner
dégénérer	eskalieren
le correspondant	eine kostenfreie Telefonnummer
raccrocher	die Jungs
un numéro vert	die Karren

b *Ecoutez le texte une deuxième fois et répondez aux questions.*

1. Quelle information donne le correspondant qui appelle TV5?
2. Quand est-ce que les journalistes de TV5 sont partis d'Epinay-la-Jolie?
3. Quand est-ce que la situation a dégénéré?
4. Qu'est-ce que le correspondant gagne? Pourquoi?
5. Ensuite, que fait Jean-Luc Godillard?

△ 6 Rodéo d'or → *nach SB Ü1*

a *Qu'est-ce que Jean-Luc Godillard (J. L. G.) et Yvan Chobral (Y. C.) ont fait ce soir? Remplissez le tableau avec des mots-clés pour reconstruire toute l'histoire.*

	Les lieux Où sont-ils?	**Les personnes** Qui est avec qui? Qui parle avec qui?	**Les actions** Que font-ils? Que comprennent-ils? Qu'est-ce qui se passe?
1.	Au studio de télévision		
2.	Arrivée à Epinay-la-Jolie		
3.	Dans la cité		
4.	Le rodéo		
5.	Après le rodéo		

b *Maintenant, vous pouvez faire le résumé de cette soirée.*

S7

7 Un rap sur les médias → *nach SB Ü3*

a *Lisez l'explication sur le contenu de la chanson de Kool Shen.*

Dans son rap *Les médias*, Kool Shen critique le monde des médias.
Il compare la une avec un show et chante: «chaque jour, il faut que la une claque (1)».
Il dit que quand la presse n'a rien de particulier à se mettre sous la dent (2),
elle transforme une goutte de sang (3) en une flaque de sang (4).
Kool Shen dit que les journalistes imaginent un bon titre pour que le contenu
de l'article devienne une bonne traque (5).
Les journalistes doivent accrocher (6) les lecteurs avec un bon titre et les auditeurs
avec un bon scoop.
Et il conclut en critiquant que la presse «se fout du fond (7)». L'important c'est l'argent,
il faut surtout vendre l'info.

5 **b** *Kool Shen chante très vite, comme tous les rappeurs. Ecoutez le rap.*
Est-ce que vous entendez les expressions suivantes?

Il faut que la une claque. D'une goutte de sang, ils en font une flaque.
Comme un bon titre pour une bonne traque.
Il faut de l'accroche, un bon scoop. Faut vendre l'info.

c *Etes-vous d'accord avec Kool Shen? Discutez en classe.*

8 Photos choc → *nach SB Ü2*

a *Regardez et lisez la BD et répondez aux questions.*

1. Trois métiers de la presse y sont représentés. Lesquels?
2. Qu'est-ce que c'est, une photo choc? Donnez des exemples.
3. Pourquoi le journaliste n'est pas d'accord avec le rédacteur en chef?

b Que pensez-vous des méthodes des paparazzis? Quelles sont les limites
de la moralité[8]? *Donnez des exemples de photos que les journalistes ne devraient pas faire, à votre avis. Discutez en petits groupes.*

(Extrait de: *Les paparazzi 1, Flash tous risques*, par Mazel et Cauvin © Dupuis, 1996)

1 **claquer** schlagen / knallen – 2 **ne rien avoir (à se mettre) sous la dent** nichts zu beißen haben – 3 **une goutte de sang** ein Blutstropfen – 4 **une flaque** eine Pfütze – 5 **une traque** eine Verfolgung – 6 **une accroche** ein Blickfang – 7 **le fond** der Inhalt – 8 **la moralité** die Sittlichkeit

9 Notre-Dame de Paris *(G 14) → nach SB Ü3*

a On emploie le passé simple surtout dans les textes littéraires. *Lisez ce passage du roman «Notre-Dame de Paris» de Victor Hugo (1802–1885) et soulignez* ***les 15 verbes au passé simple****.*

b *Relisez le texte en faisant attention aux verbes à l'imparfait. Dites pourquoi ils ne sont pas au passé simple.*

La Esmeralda se mit à émietter[1] du pain, que Djali mangeait gracieusement dans le creux de sa main. Du reste Gringoire ne lui laissa pas le temps de reprendre sa rêverie. Il hasarda[2] une question délicate.

– Vous ne voulez donc pas de moi pour votre mari?

La jeune fille le regarda fixement, et dit: – Non.

– Pour votre amant? reprit Gringoire.

Elle fit la moue, et répondit: – Non.

– Pour votre ami? poursuivit Gringoire.

Elle le regarda encore fixement, et dit après un moment de réflexion:

– Peut-être. (…)

– Savez-vous ce que c'est que l'amitié? demanda-t-il.

– Oui, répondit l'Egyptienne. C'est être frère et sœur, deux âmes qui se touchent sans se confondre, les deux doigts de la main.

– Et l'amour? poursuivit Gringoire.

– Oh! l'amour! dit-elle, et sa voix tremblait[3], et son œil rayonnait[4]. C'est être deux et n'être qu'un. Un homme et une femme qui se fondent en un ange. C'est le ciel.

auto-contrôle

1 Aujourd'hui à la une *→ nach SB Ü3*

Regardez la couverture de ce magazine et nommez les parties de la couverture[5].

____

____

____

____

____

____

2 Quel est l'intrus?

Quel mot ne va pas avec les autres? Indiquez pourquoi.

1. Un livre, un magasin, un journal, un quotidien: _______________________________
2. Un rédacteur, un reporter, un photographe, un lecteur: _______________________________
3. La une, le titre, les caractères, le son: _______________________________
4. Une caricature, un sous-titre, un dessin, une illustration: _______________________________

____

1 **émietter** zerkrümmeln – 2 **hasarder** wagen – 3 **trembler** zittern – 4 **rayonner** strahlen – 5 **la couverture** die Umschlagseite

3 Qu'est-ce qu'on dit en français?

Du unterhältst dich mit einem Freund, der sich deiner Meinung nach zu sehr von den Medien beeinflussen lässt.

1. Du sagst, dass die Journalisten die Verantwortung haben, die Leser über die Ereignisse zu informieren und sie dürfen kein falsches Bild von der Welt vermitteln.

2. Dein Freund fügt hinzu, dass es die Pressefreiheit gibt und dass es wichtig ist, dass die Journalisten ihre Meinung äußern. Die Leser können die Zeitung kaufen, die ihnen gefällt.

3. Du sagst, dass die Journalisten auf bisher unbekannte Tatsachen aufmerksam machen. Das findest du gut.

4 Ne crois pas tout. *(G 13)*

a *Lisez les phrases et mettez-les à* ***l'impératif****. Choisissez la bonne personne.*

1. Est-ce que tu peux me passer le journal? Passe-moi le journal.
2. Tu devrais t'intéresser aux informations.
3. Tu dois être critique face aux médias.
4. Il ne faut pas croire tout ce qu'il y a dans les journaux.
5. Vous ne devez pas avoir peur de poser des questions.
6. Nous devons avoir notre propre opinion.
7. Nous pouvons la partager avec nos amis.
8. Vous pouvez leur parler librement.

5 D'un passé à l'autre *(G 14)*

Mettez ces phrases au ***passé composé****.*

1. Elles arrivèrent tard.
2. On apporta des gâteaux.
3. Tu restas chez nous.
4. Ils rentrèrent tôt.
5. Il descendit.
6. Elle disparut vite.

Dossier 7

atelier A

1 Qui sont Abou et Tamoor? → *nach Texteinführung*

a *Travaillez à deux. Posez des questions et donnez les réponses. Contrôlez les réponses de votre partenaire avec les solutions.*

b *Echangez les rôles.*

Ⓐ Qui est Abou?	Ⓑ Qui est Tamoor?
1. Est-ce que tu peux me raconter quelque chose sur Abou? D'où vient-il et depuis quand est-il en France? (Il vient du Mali et il est en France depuis trois ans.)	1. Abou vient …. et il est …
2. Est-ce que tu sais où Abou habite? (Il habite à Paris dans l'appartement de son oncle et de sa tante.)	2. Il …
3. Où est-ce que le père d'Abou habitait avant? (Avant, le père d'Abou habitait à Montreuil dans un foyer.)	3. Avant, le père d'Abou …
4. Pourquoi est-ce qu'Abou aime l'école? (Abou aime l'école parce qu'il a des amis, parce qu'il apprend le français et parce qu'il s'amuse bien.)	4. Abou …
5. Quels problèmes a-t-il au collège? (Il a du mal à suivre en cours.)	5. Il …
6. Oui. Tamoor vient … et il est …	6. Et toi, tu peux me dire de quel pays Tamoor vient et depuis quand il est en France? (Tamoor vient du Pakistan et il est en France depuis presque un an.)
7. Dans la classe de Tamoor …	7. Tamoor est dans une classe d'accueil[1] au collège avec des jeunes du monde entier. D'où viennent-ils? (Dans la classe de Tamoor il y a des Algériens, des Chinois, des Irakiens, un Bangladais …)
8. Il …	8. Le père de Tamoor est arrivé quand en France? (Il est arrivé cinq ans avant Tamoor.)
9. Le père de Tamoor …	9. Qu'est-ce que le père de Tamoor vend dans son magasin? (Le père de Tamoor vend des jouets, des parfums, des savons, des journaux et des DVD de Bollywood.)
10. Il … et puis il …	10. Et Tamoor, qu'est-ce qu'il fait pour avoir des contacts avec sa famille? (Il téléphone à sa grand-mère et puis il envoie des mails à ses cousins et à ses oncles.)

1 **une classe d'accueil** eine Klasse für nicht-frankofone Schüler, in der die Schüler vor allem Französisch lernen

▽ 2 L'histoire de Yan Yu → *nach Texteinführung*

Voilà les réponses. Ecrivez les questions avec ***est-ce que****.*

1. ______________________________
Les parents de Yan Yu sont en France depuis 1990.

2. ______________________________
Comme il n'y avait pas de travail pour les jeunes, ils sont partis de Whenzou.

3. ______________________________
Son père a travaillé dans un atelier de confection quand il est arrivé en France.

4. ______________________________
Sa mère gagnait de l'argent en faisant des petits boulots.

5. ______________________________
Les parents de Yan Yu ne parlent pas (le) français, alors leur fille leur lit le courrier.

3 Qui a dit ça? *(G 9)* → *nach SB Ü 4*

a *Complétez avec les verbes* ***au passé composé*** *ou* ***à l'imparfait****.*

1. «Quand je ______ (arriver) en France, mon père ______ (être) déjà là depuis 5 ans.» 2. «Mes parents ______ (quitter) Whenzou, parce qu'il n'y ______ (avoir) plus de travail pour les jeunes.» 3. «Je ______ (ne pas voir) ma famille depuis longtemps. J'______ (dire) à mes profs que je ______ (rentrer) au pays cet été.» 4. «Avant, ma mère ______ (ne pas connaître) le français.» 5. «Au Pakistan, je ______ (jouer) souvent au cricket.»

b *Qui a dit les phrases ci-dessus (hier oben)? Abou, Tamoor ou Yan Yu?*

1. ______ 2. ______ 3. ______

4. ______ 5. ______

△ 4 A l'étranger *(G 9, 16)* → *nach SB Ü 4, Ü5* **communiquer**

Tu es en France avec ta copine Julia qui ne parle pas le français. Elle a perdu ses papiers. Vous allez au commissariat de police et tu traduis pour elle. *Ecrivez les phrases* ***au passé composé*** *ou* ***à l'imparfait****.*

1. *Julia:* Sag Ihnen, dass ich meine Papiere verloren habe. Ma copine Julia ______

2. *Julia:* Heute Nachmittag waren sie weder im Hotel noch in meiner Tasche.

____

3. *Julia:* Heute habe ich meinen Geldbeutel nicht gebraucht. Ich weißt nicht, wie das geschehen ist.

____

4. *Julia:* Ich hatte meinen Geldbeutel gestern Abend. Aber ich habe nichts bemerkt.

____

5. *Julia:* Ich vermute, dass mir jemand meinen Geldbeutel gestohlen hat.

____

atelier B

△ 5 Doria → *nach Texteinführung*

lire

a *Trouvez les 17* ***phrases correctes****.*

1. Doria …
   - a) avait quatorze ans, l'année dernière.
   - b) ne vit pas avec son père.
   - c) habite près de Paris.

2. Elle …
   - a) a lu un journal.
   - b) écrit un journal.
   - c) raconte sa vie dans son quartier.

3. Doria …
   - a) décrit les personnes qui l'entourent.
   - b) travaille dans un hôtel.
   - c) a une tante qui est psychologue.

4. La famille d'Ali …
   - a) a une grande camionnette rouge.
   - b) va passer deux mois dans un village marocain.
   - c) emmène des sacs avec plein de cadeaux.

5. Doria envie Ali parce qu'…
   - a) il est bien habillé.
   - b) il part en vacances.
   - c) elle aimerait partir aussi.

6. Nabil …
   - a) aidait Doria à faire ses dissertations.
   - b) ne viendra plus aider Doria à faire ses devoirs.
   - c) ne fait plus de dissertations.

7. Doria …
   - a) ira dans un lycée professionnel.
   - b) ne peut pas redoubler sa classe.
   - c) ne savait pas comment s'orienter.

8. Doria …
   - a) va redoubler sa classe dans un autre lycée.
   - b) est en colère.
   - c) suivra une formation en CAP coiffure.

b *Relisez la stratégie: «Résumer un texte»* **S7** *dans votre livre à la page 232. Racontez l'histoire de Doria en quelques phrases avec votre partenaire. Chacun dit une phrase: Vous commencez l'histoire avec une première phrase. Votre partenaire raconte la suite avec une 2e phrase …*
Utilisez les mots suivants:

Doria – quinze – mère – banlieue – journal – vie – maison – quartier – portrait – grandes vacances – famille d'Ali – Maroc – envier – bronzé – rester – Nabil – disparu – devoirs – lycée professionnel – ne pas redoubler – CAP coiffure – copain Hamoudi – colère

6 Atelier poème

voir et écouter

a *Voici le poème de Jacques Prévert: Déjeuner du matin. Ecoutez son rythme, ses phrases courtes en regardant l'illustration[1].*

b *Maintenant, faites des groupes de deux élèves. Ecrivez un «Poème pour Doria» qui est construit un peu comme le poème de Jacques Prévert (minimum 10 vers). Vous pouvez imaginer ce que Doria a fait quand Ali est parti.*

Poème pour Doria

Elle s'est réveillée ...

c *Lisez votre poème.*

d *Lisez la biographie de Jacques Prévert et répondez aux questions. (Parfois, il y a plusieurs réponses.)*

Jacques Prévert a vécu de 1900 à 1977. Son père lui a fait connaître très jeune le monde du théâtre et du cinéma. Sa mère lui a appris à lire. Il adore les livres et les poèmes, mais n'aime pas l'école et la quitte à 15 ans. Ensuite, il vit de petits boulots. Dans les années 20, il participe au mouvement surréaliste où des peintres et des poètes se rencontrent et font l'expérience de l'écriture automatique. Mais comme Jacques Prévert a besoin de liberté, il quitte le mouvement surréaliste quelques années plus tard. Il écrit alors des scénarios de films, mais il n'oublie pas la poésie. Il publie en 1946 son livre «Paroles» qui le fait devenir célèbre. Dans ce livre, on trouve des styles d'écriture très différents: il y a des poèmes courts, des poèmes longs, on y trouve aussi des chansons ou même des listes de mots qu'il appelle «inventaires». «Déjeuner du matin» est un poème du livre «Paroles». C'est grâce à ce livre que Prévert est devenu un grand poète populaire. Encore aujourd'hui, «Paroles» est acheté chaque année par de nombreux élèves. Prévert les fait rire et rêver de liberté et de bonheur: deux thèmes qu'on retrouve souvent dans ses poèmes.

1. Quand Prévert est-il né?	☐ En 1900.	☐ En 1977.	☐ En 1997.
2. Qu'est-ce qu'il adore?	☐ Les livres.	☐ L'école.	☐ Les poèmes.
3. Qu'est-ce qu'il a écrit?	☐ Des romans.	☐ Des scénarios de films.	☐ Des poèmes.
3. «Paroles» est:	☐ un film.	☐ un livre de poèmes.	☐ un journal.
4. Quel thèmes trouve-t-on souvent dans les poèmes de Prévert?	☐ La liberté.	☐ Le bonheur.	☐ Le cinéma.

1 Si vous voulez l'apprendre par cœur, vous trouverez le texte à la page 85.

7

auto-contrôle

1 Qu'est-ce qu'on dit en français?

Du sollst auf Französisch einen Vortrag über Einwanderer in Frankreich halten.

1. Du sagst, dass jedes Jahr viele Einwanderer aus Asien und Afrika in Frankreich ankommen.

____

2. Diese Männer und Frauen kommen mit der Hoffnung auf ein besseres Leben in Europa.

____

3. Du erwähnst, dass häufig schon der Vater in Frankreich wohnt. Er schickt seiner Familie Post.

____

4. Du fügst hinzu, dass viele Einwanderer am Anfang kaum Französisch sprechen.

____

5. Du sagst zum Schluss, dass du die illegalen Einwanderer nicht beneidest, die ohne Papiere in Frankreich leben müssen.

____

2 Vocabulaire

Trouvez les mots.

1. Pour se laver les mains, il faut de l'eau et _______________.
2. Pour aller de France en Suisse, il faut passer _______________.
3. Ma grand-mère est vieille: elle a 80 ans. On dit qu'elle est _______________.
4. Un _______________ c'est quelqu'un qui entre illégalement dans un pays.
5. Les lettres, les cartes postales et le journal, c'est _______________.
6. Il reste un quart de gâteau. On en a mangé les _______________ .

3 Dans ma classe *(G 16)*

Caidian vient de Chine. Il est nouveau dans une classe d'accueil où il y a beaucoup d'élèves pakistanais.
Complétez avec ***ne … pas, ne … plus, ne … personne, ne … rien, ne … jamais, ne … pas encore.***

1. Mes copains de Chine _____ sont _______ avec moi.
2. En France je _____ connais _______________.
3. Je _____ parle _______ bien le français.
4. Je _____ ai _______________ joué au rugby.
5. En cours de maths, je _____ comprends _________.
6. Ici, je _____ ai _______________ d'amis français.

Qui veut gagner des millions?

→ *Spielanleitung**, Lösungen und Blanko-Spielkarten: **Online-Link:** 523983-0001

50 €

Quel sport n'est pas représenté aux Jeux Olympiques d'été?
- **a** L'athlétisme.
- **b** Le canoë-kayak.
- **c** La randonnée.
- **d** L'équitation.

100 €

Une abeille habite dans
- **a** un immeuble.
- **b** un pressoir.
- **c** une ruche.
- **d** un champ de lavande.

200 €

Dans ce pays d'Europe on ne peut pas payer en Euro. C'est
- **a** la France.
- **b** le Portugal.
- **c** la Belgique.
- **d** l'Angleterre.

300 €

Les pompiers
- **a** pompent de l'eau pour les pays africains.
- **b** luttent contre le feu.
- **c** réparent les installations des salles de bains.
- **d** sont des élèves qui pompent pendant une interrogation.

500 €

Quelle est la couleur des passeports européens?
- **a** Vert.
- **b** Bleu.
- **c** Bordeaux.
- **d** Gris.

1 000 €

L'école maternelle, c'est
- **a** une école pour les infirmières.
- **b** des cours en langue maternelle.
- **c** une école pour former des futures mères.
- **d** une école pour les petits avant l'école primaire.

2 000 €

Pour participer à *l'Action contre la faim*, il faut
- **a** trouver des sponsors et courir.
- **b** trouver des recettes et faire la cuisine.
- **c** faire des affiches et manifester.
- **d** s'organiser et faire la grève.

4 000 €

L'avenue la plus célèbre de Marseille s'appelle
- **a** les Champs-Elysées.
- **b** la Canebière.
- **c** la rue des Dames.
- **d** Olympique Marseille.

8 000 €

Le comte de Monte-Christo a été en prison
- **a** à Aix-en-Provence.
- **b** au Château d'If près de Marseille.
- **c** à la Guadeloupe.
- **d** à Dakar.

16 000 €

Okapi, c'est
- **a** une série de BD.
- **b** un animal de la famille des chevaux.
- **c** un magazine pour les jeunes.
- **d** un magazine de sport.

32 000 €

Le compositeur de l'hymne européen, s'appelle
- **a** Ravel.
- **b** Lully.
- **c** Beethoven.
- **d** Händel.

64 000 €

«Immeubles en fête», c'est
- **a** un concert qui a lieu dans les villes de France le 21 juin.
- **b** le slogan d'un magasin qui vend des immeubles.
- **c** une fête que font les Français avec leurs voisins.
- **d** une association qui organise des fêtes dans les cités.

125 000 €

L'Auberge espagnole, c'est
- **a** un très bon hôtel à Madrid.
- **b** un film sur des étudiants Erasmus.
- **c** un célèbre restaurant espagnol à Paris.
- **d** le nom des auberges de jeunesse en Espagne.

500 000 €

Un «*sans-papiers*», c'est
- **a** quelqu'un qui habite illégalement en France.
- **b** un élève qui a oublié ses cahiers à la maison.
- **c** une personne qui prend le métro sans acheter de ticket.
- **d** quelqu'un qui a une bonne mémoire sans prendre de notes.

1 000 000 €

Le C de MJC signifie
- **a** civilisation.
- **b** club.
- **c** culture.
- **d** créativité.

Joker du prof

Joker 50:50

Joker dico

* *Die Spielanleitung findest du auch auf der letzten Seite dieses Cahiers.*

50 €

Les J.O., ce sont
- **a** les Jeunes Organisateurs.
- **b** les Jeans Offerts.
- **c** les Jeudis Oranges.
- **d** les Jeux Olympiques.

1000 €

Laquelle de ces régions n'est pas française?
- **a** La Guyane.
- **b** La Réunion.
- **c** Madagascar.
- **d** Saint-Pierre-et-Miquelon.

32000 €

Malia Metella est
- **a** une musicienne hard-rock.
- **b** une rappeuse française.
- **c** une star de la natation.
- **d** une sportive handicapée.

100 €

Le drapeau européen a
- **a** quinze étoiles.
- **b** vingt-sept étoiles.
- **c** douze étoiles.
- **d** six étoiles.

2000 €

Bordeaux est une ville
- **a** dans le nord de la France.
- **b** dans l'est de la France.
- **c** dans le sud-ouest de la France.
- **d** dans le sud-est de la France.

64000 €

Titeuf est
- **a** le chien de Depardieu.
- **b** un personnage de BD.
- **c** un dessert aux œufs.
- **d** un petit garçon qui porte une casquette.

200 €

L'aïoli est une spécialité
- **a** malgache.
- **b** sénégalaise.
- **c** québécoise.
- **d** marseillaise.

4000 €

Pour faire de l'huile, on ramasse les olives
- **a** au printemps.
- **b** en été.
- **c** en automne.
- **d** en hiver.

125000 €

Le G du club de foot parisien «PSG» signifie
- **a** Germain.
- **b** Génial.
- **c** Gagné.
- **d** Grand.

300 €

Larbi Benboudaoud est champion de
- **a** karaté.
- **b** judo.
- **c** foot.
- **d** natation.

8000 €

Ecopole, c'est
- **a** un centre qui aide les enfants des rues en Afrique.
- **b** le label écologique de l'Union européenne.
- **c** un musée sur l'économie à Montréal.
- **d** la police européenne.

500000 €

C'est un peintre français:
- **a** Cézanne.
- **b** Leonard de Vinci.
- **c** Debussy.
- **d** Michel-Ange.

500 €

Le roi du carnaval à la Martinique s'appelle
- **a** Gerson.
- **b** Babakoto.
- **c** Babakar.
- **d** Vaval.

16000 €

ARTE, c'est
- **a** la fusée européenne.
- **b** un magazine de peinture.
- **c** une exposition d'art moderne au Centre Pompidou à Paris.
- **d** une chaîne de télévision franco-allemande.

1000000 €

La communauté économique européenne (CEE) a été créée
- **a** en 1992.
- **b** en 1957.
- **c** en 2002.
- **d** en 2005.

Joker du prof

Joker 50:50

Joker dico

4 Le rallye Paris–Dakar (G 9, 15)

*Complétez avec **le plus-que-parfait**, **l'imparfait** ou **le passé composé**.*

1. Le rallye Paris–Dakar existe depuis 1978.

   Jusqu'en 1991, le rallye ________________ (partir) toujours de Paris et ____________________ (finir) à Dakar.

2. En 1992, les conducteurs _________________________ (partir) de Paris, mais ils _________________ (finir) la course au Cap en Afrique du Sud.

3. En 2007, 244 motos, 180 voitures et 85 camions _________________ (être) au départ du rallye.

4. Mais seulement 132 motos ______________________________ (arriver) à Dakar sur les 244 motos qui __________________________________ (partir) 15 jours avant.

5. En 2007, le rallye _________________ (faire) 7913 km.

6. Il _________________ (faire) très chaud.

7. C'est Despres qui ____________________ (gagner) la course moto cette année-là.

5 Un billet retour pour Dakar (G 9, 15)

Dans le texte «Vu de ma fenêtre», on parle des «retours au pays en charter».
Voilà l'histoire de Boubacar qui devait retourner au Sénégal.

a *Reliez les phrases qui vont ensemble.*

b *Mettez les phrases dans le bon ordre (en écrivant le numéro de la phrase dans la case de gauche).*

☐	• Là, un avion pour	• depuis six mois.
☐	• Les agents l'ont mis dans une camionnette et	• il avait peur.
1.	• Boubacar vivait en France sans papiers	• avait eu des problèmes dans son pays.
☐	• Quand il est descendu de l'avion	• Dakar l'attendait déjà.
☐	• Un samedi soir, la police	• ils l'ont accompagné à l'aéroport.
☐	• Il avait quitté le Sénégal parce qu'il	• l'a arrêté en banlieue de Paris.

c *Soulignez les verbes à l'imparfait en rouge, au passé composé en vert, au plus-que-parfait en bleu.*

Dossier 8

atelier A

1 Construire les phrases → *nach Texteinführung*

a Quand on connaît certaines expressions, il devient plus facile de parler d'un sujet et de donner des arguments. *Regardez comment les expressions ci-dessous sont utilisées dans le texte du livre. Ensuite, écrivez votre avis dans la colonne de droite en utilisant ces mots ou expressions.*

Les mots / expressions	Tes phrases
… c'est vrai, mais …	Nos parents s'inquiètent, c'est vrai, mais ils ne devraient pas. Nous sommes de plus en plus responsables.
Si … (et si) … tout devient …	
C'est comme ça que …	
… avoir l'impression que …	
… c'est très bien, mais seulement si …	
Même si …	
…, c'est-à-dire …	
On oublie (souvent) que …	

▽ 2 Comment dire le contraire? *(G 16)* → *vor SB Ü 3*

Trouvez la bonne négation pour dire le contraire.

1. Amina **est encore** une petite fille.
   ☐ n'est plus ☐ n'est rien ☐ n'est plus de
2. Elle **a déjà** 18 ans.
   ☐ n'a pas assez ☐ n'a pas encore ☐ n'a pas
3. Elle **est toujours** d'accord avec sa mère.
   ☐ n'est pas seulement ☐ n'est pas ☐ n'est jamais
4. Elle **a un** copain.
   ☐ n'a ni ☐ n'a pas de ☐ n'a pas assez
5. Elle croit que **tout le monde** s'intéresse à elle.
   ☐ rien ne ☐ personne ne ☐ ne personne
6. **Tout** l'intéresse.
   ☐ Personne ne ☐ Rien ne ☐ Une chose

3 Etre ado, c'est gagner en autonomie! → *an beliebiger Stelle*

a Etes-vous très autonomes?
Faites le test et cochez toutes les phrases qui sont vraies pour vous.

b *Remplissez votre étoile.*
Si vous avez par exemple coché 3 réponses pour l'argent, partez du 3e point (Punkt). Ensuite dessinez votre étoile qui passe par tous vos points. Plus votre étoile est grande, plus vous êtes autonomes.

Les vacances:
- Vous êtes déjà parti(e)s en vacances sans vos parents. ☐
- Vous organisez vos propres vacances. ☐
- Vous lavez votre linge avant de partir et vous savez faire marcher le lave-linge[1]. ☐

L'argent:
- Vous faites des petits boulots et payez une partie de vos vacances. ☐
- Vous ne dépensez pas plus d'argent que ce que vous avez. ☐
- Vous connaissez le prix des choses. ☐

Les loisirs:
- Vous décidez de vos loisirs et du temps que vous y passez. ☐
- Vous payez vos sorties, cinéma, discothèque. ☐
- Quand vous sortez le soir, vous respectez les règles et les horaires, sans conflits. ☐

L'école:
- Vous faites vos devoirs sans que vos parents vous le demandent. ☐
- Vous ne faites pas vos devoirs à la dernière minute. ☐
- Vous cherchez de l'aide quand vous n'avez pas compris quelque chose. ☐

Vie de tous les jours:
- Vous prenez vos rendez-vous chez le coiffeur ou le médecin. ☐
- Vous préparez vos repas vous-même quand vos parents ne sont pas là. ☐
- Vous aidez tous les jours à mettre et débarasser la table, vider le lave-vaisselle[2]. ☐

La santé:
- Vous faites attention à votre santé. ☐
- Vous connaissez les dangers de la drogue et de l'alcool et vous y faites attention. ☐
- Vous n'attendez pas quand vous avez un souci de santé. Vous allez chez le médecin. ☐

La vie sociale:
- Vous parlez spontanément aux adultes et partagez vos idées avec eux. ☐
- Vous êtes fair-play et poli avec les jeunes mais aussi avec les adultes. ☐
- Vous êtes coopératif(ve) à la maison, à l'école … ☐

La vie professionnelle:
- Vous avez bien réfléchi à votre choix d'études ou de formation. ☐
- Vous savez dire pourquoi vous avez fait ce choix. ☐
- Vous pouvez vous imaginer comment sera votre vie professionnelle. ☐

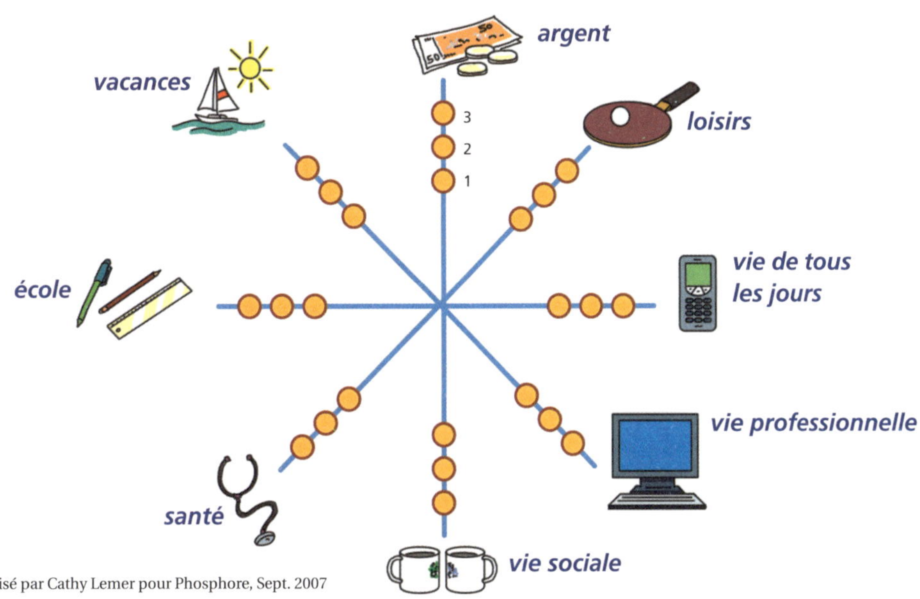

1 **le lave-linge** die Waschmaschine – 2 **le lave-vaisselle** die Spülmaschine

atelier B

4 Le passage → *nach Texteinführung*

a *Relisez la BD du livre pages 55 à 58. Trouvez les dix* ***phrases correctes*** *et cochez-les. Parfois, il y a plusieurs réponses possibles.*

1. Nassama
- a) fait un séjour avec sa classe sur la côte atlantique.
- b) va dans une discothèque avec ses copains.
- c) fait un séjour à Biarritz avec sa famille.

2. Le soir, dans la chambre de Théo …
- a) Nassama ne veut pas rester.
- b) Jules boit du jus de fruits.
- c) Charline fume avec Jules.

3. Nassama ne va pas bien …
- a) à cause d'une copine.
- b) parce que son père a quitté sa mère.
- c) parce qu'elle ne s'entend plus avec Jules.

4. Nassama va de plus en plus mal. Elle …
- a) ne va plus à l'école.
- b) ment à sa mère le jour où elle n'arrive pas à se lever.
- c) vole de l'argent à sa mère.

5. Dom …
- a) est à l'hôpital.
- b) vient voir Jules qui est à l'hôpital.
- c) a parlé à Nassama.

6. De l'hôpital, la mère de Nassama téléphone …
- a) au père de Nassama.
- b) à Dom.
- c) au proviseur.

b *Imaginez une suite à l'histoire et racontez-la à votre partenaire.*

5 Un an après, Dom raconte. → *nach SB Ü2*

écouter

△ Quand Nassama a fini de parler aux élèves du lycée, Dom prend la parole.

Ecoutez ce qu'il dit et cochez la bonne réponse.

1. Dom est en fauteuil roulant parce qu'il a eu un accident de moto …
- après avoir bu de l'alcool.
- avec son père.
- en roulant trop vite.

2. Dom raconte son histoire aux autres élèves parce qu'il …
- ne veut pas que les autres élèvent vivent la même chose que lui.
- veut montrer que la moto, c'est trop dangereux.
- a le courage de parler.

3. Dom dit …
- qu'il faut agir sans trop réfléchir.
- qu'on peut détruire sa santé en une soirée.
- qu'il ne fume pas.

4. Dom est contre la consommation de drogue parce que / qu'…
- après, on ne peut plus s'arrêter d'en prendre.
- son copain Julien a eu un accident après avoir fumé de la drogue.
- après, on ne se contrôle plus et on fait des choses qu'on regrettera toute sa vie.

▽ 6 La langue parlée → *nach SB Ü3*

- Dans la langue parlée, les Français suppriment[1] certaines voyelles pour parler plus vite: T'es sympa. = Tu es sympa.
- Le «ne» de la négation disparaît aussi. *Exemple:* T'as pas fini? = Tu n'as pas fini?
- De plus, les jeunes utilisent des mots à eux: par ex. les clopes = les cigarettes.

Lisez les phrases suivantes et écrivez-les en français standard.

T'as des clopes? ______________________

Non, j'fume pas. ______________________

T'aimes pas ça? ______________________

Ça m'plaît pas. ______________________

T'es d'où? ______________________

J'suis pas d'ici. ______________________

7 L'E-den

lire S14

△ **a** *Lisez deux fois l'histoire de Goran et son père, Serge Poiret.*
Serge Poiret est policier. Il connaît bien le monde de la drogue. Il est divorcé et part en vacances avec son fils, Goran. Mais en chemin, on l'appelle d'urgence. Il doit rendre visite à une jeune fille, Mel, qui est tombée dans le coma après une overdose. Quand Goran voit Mel, il tombe amoureux d'elle. Grâce à son copain Iannis, il réussit à acheter la nouvelle drogue, l'E-den, qui lui permettra de «retrouver» Mel.

Goran
C'est le moment. Qu'est-ce que j'ai peur! En même temps, je suis plus excité que jamais. J'ai beau regarder le tube de Iannis à travers la lumière, je n'y vois qu'un liquide aussi clair que l'eau. J'ai du mal à croire qu'il ait le pouvoir de me faire rencontrer Mel. […] Mais là, c'est pas pareil! C'est pas vraiment une drogue. Pas d'effets secondaires, m'a dit Iannis. Et puis c'est juste une fois! Je sais que moi, j'aurai la force de m'arrêter.
[*Plus tard …*]
Même pas eu le temps d'arriver jusqu'aux toilettes. J'ai vomi par terre, dans le couloir. Pourquoi faut-il que le retour soit si dur, avec cette impression de fin du monde et de mort? Pourquoi, toujours, suis-je rappelé à la réalité au moment de toucher enfin au bonheur.
[…]

Serge
Je viens de passer la soirée la plus horrible de ma vie. Je n'avais rien connu de tel. Mon gosse, mon Goran, est dans le coma! Il s'est shooté! Comme les autres! […] Pourquoi mon gamin que j'aime tant, que je croyais si bien connaître, en qui j'avais une confiance absolue, a-t-il fini par prendre de cette merde? Il devait être si malheureux, si seul, et je n'ai rien vu, RIEN!

Extrait du roman E-den de Mikaël Ollivier et Raymond Clarinard, © Editions Thierry Magnier

DICO **b** Quand on lit un livre, on ne peut pas chercher tous les mots qu'on ne connaît pas dans le dictionnaire. ***Soulignez au maximum 5 mots** que vous ne connaissez pas et cherchez leur traduction dans le dictionnaire.*

c *Lisez le texte une nouvelle fois et répondez aux questions.*
1. Pourquoi est-ce que Goran prend de l'E-den?
2. Est-ce qu'avec la drogue, il atteint son but[2]? Expliquez pourquoi.
3. Comment est-ce que Goran se sent après avoir pris de l'E-den? Pourquoi?
4. Le père de Goran ouvre les yeux. Qu'est-ce qu'il comprend quand il découvre que son fils s'est drogué? *Expliquez.*

1 **supprimer** weg lassen – 2 **un but** ein Ziel

8

auto-contrôle

1 Qu'est-ce qu'on dit en français standard?

Du liest mit deinem Freund Niklas ein Comic in Französisch. Du verstehst die französische Jugendsprache. Niklas aber nicht. Er will sich diese Redewendungen für seine Reise nach Frankreich merken.
Du schreibst daher die Übersetzung ins Standardfranzösische.

1. On va au ciné? Ça vous branche? __________

2. Ouais, ça peut l'faire. __________

3. Waouh, mate un peu le scooter de Charline! __________

4. Il me plaît grave! __________

5. Qui a une clope pour moi? __________

6. Tire-toi! On ne t'a pas sonné! __________

2 Vocabulaire

Trouvez les mots.

1. Le temps de __________, c'est quand l'enfant devient adulte.

Les jeunes prennent de plus en plus de __________ et deviennent autonomes. A 18 ans, ils peuvent passer leur permis de conduire, ce qui leur donne encore plus __________, car ils peuvent aller seuls où ils veulent, quand ils veulent.

2. En France, dans les cafés et restaurants, on n'a plus le droit de __________ de cigarettes.

On peut __________ de l'alcool seulement si on a 16 ans ou plus.

La consommation de tabac et d'alcool est donc __________ par la loi.

Le cannabis est interdit, parce que ses __________ sont dangereux. Pourtant, beaucoup de jeunes avouent qu'il en ont déjà __________.

Ils n'ont pas __________ que le cannabis soit mauvais pour leur corps.

3 La négation

Quelles sont les phrases qui vont ensemble?

Il y a quelqu'un … ○	○ Il n'y a rien …
Il a déjà … ○	○ Il n'a jamais …
Il a encore du … ○	○ Il n'a pas assez de …
Il a encore … ○	○ Il n'y a personne …
Il y a quelque chose … ○	○ Il n'a pas …
Il a trop de … ○	○ Il n'a plus de …
Il a toujours … ○	○ Il n'a plus …
Il a … ○	○ Il n'a pas encore …

4 Non, tout va bien.

Tu es avec ton correspondant. Tu arrives à la gare et il vient te chercher.

1. *Corres:* Salut! Tu as fait bon voyage?
Toi: (Du sagst, dass alles gut verlief, und dass du keine Probleme hattest.)

Oui, merci. ______________________________

2. *Corres:* Tu as rencontré des gens intéressants, dans le train?
Toi: (Du antwortest, dass es fast niemanden im Zug gab und dass du also mit niemandem gesprochen hast. Du hast gelesen.)

____

____

3. *Corres:* Est-ce que tu es fatigué?
Toi: (Du sagst, dass du nie nach einer Zugreise müde bist. Du hast dich gut erholt.)

____

4. *Corres:* Tu as faim ou soif? On peut manger quelque chose au restaurant de la gare, si tu veux.
Toi: (Du hast weder Hunger, noch bist du durstig. Du würdest gern duschen.)

____

5. *Corres:* Alors, on va à la maison. Tu veux que je porte ta valise?
Toi: (Dein Koffer ist überhaupt nicht schwer. Du sagst, dass es im April in Marseille nicht kalt ist, und dass du wenig warme und schwere Kleidung mitgenommen hast.)

____

____

5 Familles de mots

Cherchez un mot de la même famille dans le texte «Etre ado, c'est quoi?» page 52.

autonome →	______________	un adolescent →	______________
seul →	______________	sentir →	______________
le danger →	______________	l'apparence →	______________
consommer →	______________	tourner →	______________
changer →	______________	une règle →	______________

Dossier 9

atelier A

VOC 1 Chacun son profil → *nach Texteinführung*

a *Complétez les phrases avec les mots nouveaux.*

1. Avant de pouvoir ____________ un métier, il faut suivre une formation. Les résultats ____________ sont importants, mais la motivation joue aussi un grand rôle. 2. Choisir une orientation professionnelle n'est pas une ____________ facile car il y a beaucoup de ____________ et de filières d'études. 3. Tous les jeunes n'ont pas les mêmes ____________. Certains aiment la nature, les ____________ (les chiens, les chats, les chevaux …), d'autres préfèrent la technique ou les ____________ informatiques. 4. Si vous n'aimez pas ____________ sur commande, ce sera difficile de travailler dans la communication ou le ____________. Si vous voulez faire carrière et prendre des ____________, vous devrez peut-être faire des heures ____________. C'est vous qui choisirez.

b Qu'est-ce que vous ferez l'année prochaine et quel est votre but[1]? *Ecrivez d'abord des mots-clés sur une fiche. Ensuite discutez avec votre partenaire. Si vous n'êtes pas encore décidés, expliquez à votre partenaire ce que vous aimeriez faire l'année prochaine.*

2 Le travail dans le futur *(G 17)* → *nach SB Ü 3*

▽ **a** *Lisez ce dialogue et mettez les verbes au futur.*

Charlotte: Comment est-ce qu'on ____________ (travailler) dans trente ans, à ton avis?

Pierre: Je pense que les gens n' ____________ (aller) plus au bureau, ils ____________ (rester) chez eux. Les nouvelles technologies leur ____________ (permettre) de travailler à la maison.

Charlotte: Peut-être, mais où est-ce que le boulanger ____________ (faire) les baguettes?

Pierre: Le boulanger ou un robot! On ____________ (voir) …
Quand tu ____________ (dire) à tes enfants comment on travaillait avant, ils ne ____________ (vouloir) jamais te croire et ils ____________ (rigoler) bien. Les gens ne ____________ (prendre) plus leur voiture et il y ____________ (avoir) moins de pollution.

Charlotte: Mais on ____________ (devenir) passifs si on ne sort plus. On ne ____________ (voir) plus personne!

Pierre: Mais si, je ____________ (sortir) pour faire du sport avec mes copains, j' ____________ (avoir) plus de temps libre. Ma famille et moi, nous ____________ (partir) souvent en vacances.

b Et vous, qu'en pensez-vous? Comment travaillera-t-on dans le futur? *écrire*
Ecrivez un texte d'environ 160 mots. Donnez les avantages et les inconvénients de cette évolution.

---

1 **un but** ein Ziel

3 Test: bien se connaître pour bien choisir son orientation → *nach SB Ü 3* **lire**

DICO **a** *Faites ce test de personnalité. Entourez la réponse qui vous correspond (entspricht) le mieux. Si vous ne comprenez pas certains mots, vous pouvez utiliser un dictionnaire.*

1. Si vous étiez un animal, vous seriez:
A un oiseau.
B un chat.
C un chien.
D un singe.
E une abeille.
F un lion.

2. L'adjectif qui vous décrit le mieux, c'est:
A optimiste.
B rêveur(se).
C amical(e).
D travailleur(euse).
E sérieux(se).
F ambitieux(se).

3. Vous aimeriez:
A lutter contre la pollution.
B rechercher de vieux manuscrits.
C organiser une mission humanitaire.
D créer une nouvelle technologie.
E explorer une planète inconnue.
F créer une entreprise.

4. Dans un centre de loisirs, le mieux, c'est de travailler:
A aux sports.
B à l'orchestre.
C avec les enfants.
D à la bibliothèque.
E dans les bureaux.
F à l'animation.

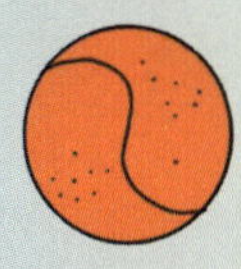

5. Vous avez une journée de libre[1]. Vous décidez:
A de vous promener.
B d'écouter des CD.
C de téléphoner à un ami/une amie.
D de bricoler[2].
E de ranger vos affaires.
F d'aider à la maison pour gagner de l'argent de poche.

6. Ce que vous voulez éviter dans votre travail futur, c'est:
A d'être enfermé(e) dans un bureau.
B de travailler sans passion.
C de travailler tout(e) seul(e).
D de ne jamais rien apprendre de nouveau.
E de changer très souvent d'activité.
F de ne pas avoir assez de responsabilités.

7. Dans la vie professionnelle, le plus important, c'est:
A d'être libre de bouger.
B de pouvoir s'épanouir[3].
C d'aider les autres.
D de découvrir de nouvelles choses.
E d'avoir la sécurité de l'emploi[4].
F de gagner beaucoup d'argent.

8. Quel contexte vous plairait le mieux pour travailler?
A la forêt, les animaux.
B les journaux, les livres.
C les personnes qui ont des problèmes.
D la technique.
E les chiffres et les ordinateurs.
F les personnes qui prennent des décisions.

9. Qu'est-ce que vous préférez faire?
A bouger, vous promener.
B écrire, peindre[5].
C communiquer avec des gens.
D faire de la recherche scientifique.
E gérer, ranger.
F décider, prendre la parole.

10. Parmi ces activités, laquelle aimeriez-vous pratiquer dans votre métier?
A voyager.
B créer.
C écouter.
D réfléchir.
E calculer.
F organiser le travail d'une équipe.

Test réalisé par Cathy Lemer (paru dans phosphore 01. 2007)

b *Comptez le nombre de réponses que vous avez pour chaque lettre:*

A = ______ B = ______ C = ______ D = ______ E = ______ F = ______

Donnez ces chiffres à votre partenaire. Votre partenaire cherche vos résultats à la page 85 et vous les lit. Est-ce que le portrait vous ressemble? Discutez.
Ensuite, échangez les rôles: Vous lisez à votre partenaire son portrait et vous en discutez.

1 **une journée de libre** einen freien Tag – 2 **bricoler** basteln / handwerklich arbeiten – 3 **s'épanouir** sich entfalten – 4 **la sécurité de l'emploi** die Sicherung des Arbeitsplatzes – 5 **peindre** malen

atelier B

4 Qui dit quoi? → *nach Texteinführung*

a *Vous avez bien lu les textes du dossier 9B? Alors fermez vos livres! Ecrivez le métier de la personne qui a pu dire chaque phrase.*

J'ai dit …	Mon métier c'est …
1. A 3 ans, j'étais déjà sur des skis.	______________
2. Sur les chantiers, le confort n'est pas toujours au rendez-vous.	______________
3. J'ai eu envie de rendre les gens beaux.	______________
4. Pour exercer mon métier, il faut être en excellente condition physique et être bon nageur.	______________
5. Mon travail n'est pas monotone: je prends la tension et la température des patients.	______________
6. J'aime le côté dynamique de mon métier. Il n'y a jamais de routine et on peut vite évoluer.	______________

b *Choisissez deux métiers sur les six. Ecrivez les qualités qu'il faut pour les exercer. Indiquez aussi quels sont, à votre avis, les côtés positifs et les côtés négatifs de ces métiers.*

métiers	*qualités*	*côtés positifs*	*côtés négatifs*

5 Pas facile de choisir! → *nach Texteinführung*

DICO

parler

a *Travaillez en groupe de trois élèves. Regardez bien ces photos. A votre avis, quel est le métier de ces jeunes? Que font-ils pendant leur travail?*

b *Aimeriez-vous exercer un de ces métiers? Quels sont leurs côtés positifs et leurs côtés négatifs? Discutez en groupe.*

1.

2.

3.

4.

5.

6 «J'ai toujours eu de grands rêves!» → *nach SB Ü 3*

lire

Marion Cotillard est née le 30 septembre 1975. Elle a passé sa jeunesse à Orléans dans un univers artistique. Sa mère est comédienne et son père metteur en scène. Dès l'âge de 6 ans, elle jouait dans deux téléfilms! En 1994, elle a obtenu le premier prix du conservatoire dans la section théâtre. Dans le film *Taxi*, Marion Cotillard jouait le rôle de Lily, un fille amoureuse de Daniel, le conducteur de taxi. Ce rôle l'a révélée au grand public. Puis, après de nombreux films français, elle a traversé l'Atlantique avec succès. En 2003, elle était à l'affiche de *Big Fish*, le film de l'Américain Tim Burton. En 2008, elle jouait dans *L'ennemi public n°1* aux côtés de Johnny Depp.

A 32 ans, elle a reçu l'Oscar de la meilleure actrice pour son interprétation de la chanteuse Edith Piaf dans le film, *La Môme* (Titre international: *La Vie en Rose*). Elle s'est totalement investie dans ce rôle pour ressembler à Edith Piaf: elle se faisait maquiller pendant quatre à cinq heures par jour, elle a aussi accepté de se faire raser 3 cm de cheveux pour agrandir son front, de se faire raser les sourcils et de mettre des fausses dents.
Elle a lu de nombreuses biographies et vu toutes les interviews de la chanteuse. «J'ai toujours eu de grands rêves!» dit Marion. Et elle a eu raison. En 2008, elle devient l'une des rares Françaises sacrées par Hollywood après Simone Signoret en 1960 et Juliette Binoche en 1996. En recevant son Oscar à Los Angeles, elle a dit «Merci la vie! Merci l'amour! C'est vrai qu'il y a des anges dans cette ville!»

a *Lisez la biographie, puis cochez la bonne réponse.*

1. Marion Cotillard a d'abord joué:
   - ☐ au théâtre.
   - ☐ dans un téléfilm.
   - ☐ dans un film.

2. Marion Cotillard est devenue célèbre grâce à son rôle dans:
   - ☐ le film *Taxi*.
   - ☐ le film *Big Fish*.
   - ☐ un téléfilm.

3. Le film pour lequel Marion a reçu un Oscar s'appelle en version française:
   - ☐ *La Môme*.
   - ☐ *La Vie en Rose*.
   - ☐ *Edith Piaf*.

4. Pour son rôle d'Edith Piaf, Marion a bien voulu:
   - ☐ se blanchir les dents.
   - ☐ raser ses cheveux sur le front.
   - ☐ changer la couleur de ses cheveux.

5. Pour jouer son rôle le mieux possible, elle a lu:
   - ☐ toutes les chansons de Piaf.
   - ☐ des biographies de Piaf.
   - ☐ des interviews de Piaf.

6. De 1961 à 2007, aucune française n'a reçu d'oscar à Hollywood:
   - ☐ Vrai.
   - ☐ Faux.
   - ☐ Pas dans le texte.

b *Trouvez des synonymes dans le texte.*

1. Aller aux Etats-Unis: ______________________

2. Un film pour la télévision: ______________________

3. Faire découvrir: ______________________

4. Participer à un film: ______________________

9

auto-contrôle

1 Vocabulaire sur l'orientation et les métiers

a *Trouvez les mots qui correspondent aux définitions.*

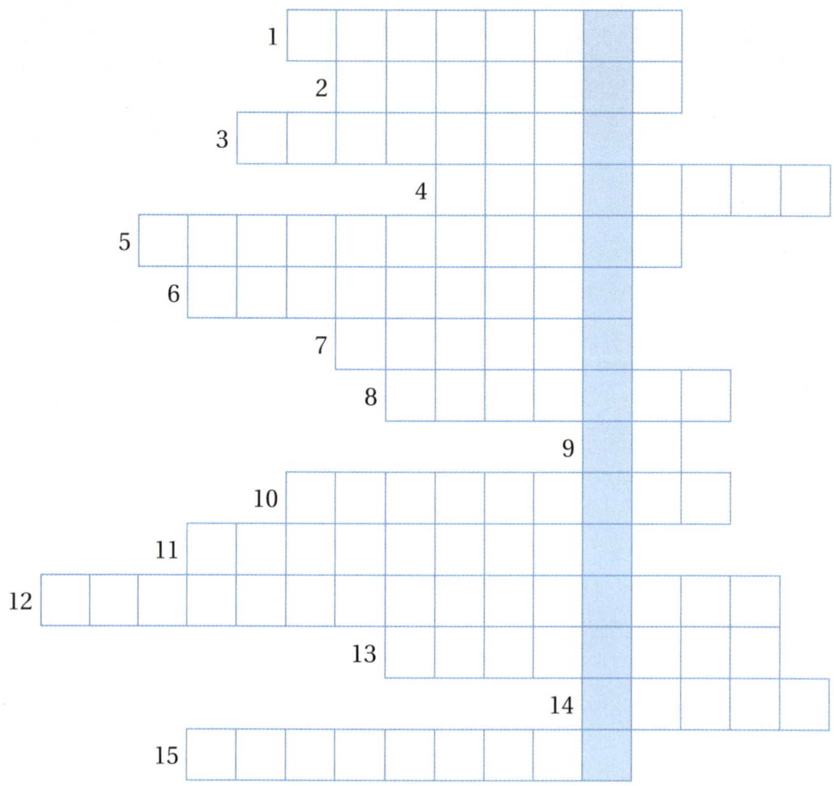

1. Evoluer dans son métier, monter dans la hiérarchie, c'est faire ?.
2. On dit faire un métier ou ? un métier.
3. Au lycée, les maths, le français, l'histoire-géographie, ce sont des ?.
4. Ils vivent dans l'eau, ils sont gris et ils nagent très bien: les ?.
5. Quand on décide d'un métier à apprendre, on choisit une ? professionnelle.
6. Pour devenir soigneur animalier, il n'y a pas de ?. On apprend sur le terrain.
7. Les ?, ce sont les vacances des personnes qui travaillent.
8. Les girafes, les éléphants ou les lions sont des ?.
9. ?, c'est l'abréviation de Brevet Professionnel.
10. Pour devenir agent de police, il faut être en excellente ? physique.
11. Toutes les personnes employées dans une entreprise, c'est le ?.
12. Les heures de travail faites en plus du travail normal sont les heures ?.
13. L'endroit où on construit ou répare un immeuble, c'est un ?.
14. Une personne qui s'engage pour la protection de la nature, c'est un / une ?.
15. Marie a des bonnes notes. Elle a des bons ?.

b *Trouvez le mot mystère:* __ __ __ __ __ __ __ __ __ __ __ __ __ __ __

2 Le futur *(G 17)*

Trouvez les formes au futur.

1. exercer: ils ____________
2. devoir: je ____________
3. falloir: il ____________
4. préférer: vous ____________
5. découvrir: tu ____________
6. avoir: elle ____________
7. plaire: je ____________
8. aller: tu ____________
9. vouloir: vous ____________
10. faire: nous ____________
11. discuter: nous ____________
12. pouvoir: elles ____________

3 Comment préparer son futur? *(G 17)*

Tu rencontres un étudiant qui te conseille pour ton orientation.
Voilà les 10 conseils qu'il te donne.
Conjuguez les verbes au futur simple.

1. Tout d'abord, va voir tes professeurs. Ils ______ à faire une liste de tes points forts. 2. Ensuite, il ______ te renseigner sur les formations et les différentes filières d'études. 3. Pour cela, tu ______ avec tes copains de classe par exemple, à des journées portes ouvertes. 4. Là, vous ______ la possibilité de rencontrer des professionnels et vous ______ leur poser toutes les questions que vous ______ 5. Les professionnels ______ avec vous de vos projets d'avenir. 6. Si tu le peux, tu ______ de faire des stages, tu ______ ainsi en contact direct avec le monde professionnel. 7. Avec les stages, tu ______ sûrement des métiers que tu ne connaissais pas avant. 8. Mais à la fin, tes parents et tes profs ______ te laisser choisir car il s'agit de ton avenir. 9. J'espère que tu ______ un métier qui te ______ longtemps. 10. Cela dit, il est possible qu'à un moment de ta vie, tu décides de changer de métier. Tu ______ alors essayer de suivre une autre formation ou chercher un autre travail. Bonne chance!	aider falloir aller avoir pouvoir vouloir discuter essayer être découvrir devoir exercer plaire pouvoir

4 Qu'est-ce qu'on dit en français?

Du unterhältst dich mit deinem Brieffreund über deine berufliche Zukunft.

1. Du sagst, dass du deine berufliche Ausbildung noch nicht gewählt hast.

______

2. Dein Freund antwortet, dass er seine Stärken auflisten wird, um sein Berufsprofil zu erstellen.

______

3. Du sagst, dass du schon eine Liste mit deinen Neigungen und deinen Lieblingsfächern gemacht hast.

______

4. Dein Freund fügt hinzu, dass er davon träumt, Karriere zu machen und Verantwortung zu übernehmen.

   Er fürchtet sich weder vor Stress noch vor Überstunden. ______

______

5. Du antwortest, dass du einen Beruf im Handel oder in der Kommunikation bevorzugst, da du eine offene Person bist.

______

______

Dossier 10

atelier A

VOC 1 Qu'est-ce que c'est? → *nach Texteinführung*

a *Trouvez les définitions et reliez les deux parties de phrase qui vont ensemble.*

1. Le **mode de vie**, c'est	• par exemple une voiture, un train ou un avion.	O
2. La **production industrielle**, c'est	• celle qui vient de la terre.	G
3. Un **moyen de transport**, c'est	• quand l'industrie et le commerce augmentent.	S
4. L'**énergie fossile**, c'est	• quand la météo change avec le temps.	R
5. Le **changement climatique**, c'est	• comment nous vivons.	P
6. Une **inondation**, c'est	• quand l'eau monte et arrive jusque dans les maisons.	E
7. Le **développement économique**, c'est	• ce qu'on fabrique en grand nombre avec des machines.	R

b *Trouvez le mot mystère.*

___ ___ ___ ___ ___ ___ ___
1. 2. 3. 4. 5. 6. 7.

VOC 2 Le changement climatique → *nach Texteinführung*

Lisez le texte A une nouvelle fois et cherchez les mots de vocabulaire qui manquent.

Le réchauffement →

La terre se ____________ un peu plus chaque année.

Ce phénomène provoque[1] de nombreuses catastrophes climatiques, comme par exemple les ____________ dont les vents détruisent tout, les ____________ qui font disparaître les champs sous l'eau ou au contraire les ____________ qui font grandir le désert.

Les causes →

Dans les pays industrialisés, nous utilisons beaucoup d'énergies fossiles, comme le ____________ et le ____________, pour nos transports ou notre chauffage. Les Européens émettent beaucoup (trop!) de gaz à ____________.

Alors il faut trouver une solution au problème.
Que faire?

Les solutions

Tout d'abord, il faudrait changer notre mode de vie en ____________ les émissions de gaz à effet de serre. Les pays qui ont signé le ____________ de Kyoto veulent réduire ces émissions de 5 % d'ici 2012.

1 **provoquer** verursachen

▽ 3 Qu'est-ce qu'on pourrait faire? *(G 18)* *→ vor SB Ü 3*

Marina va voir son prof de biologie pour lui demander s'il veut bien l'aider.
*Mettez les verbes au **conditionnel**.*

Marina: Clément et moi, nous ____________ (aimer) faire quelque chose pour l'environnement au lycée. Est-ce que vous ____________ (pouvoir) nous aider?

Prof: Qu'est-ce que vous ____________ (vouloir) faire?

Marina: Est-ce qu'il ____________ (être) possible de faire un projet avec d'autres classes?

Prof: Tu ____________ (voir) ça comment?

Marina: Chaque classe qui ____________ (participer) au projet ____________ (choisir) un thème de l'environnement concernant la vie du lycée. Les élèves ____________ (faire) des recherches et ____________ (proposer) des solutions.

Clément: On ____________ (pouvoir) utiliser moins de papier. On ____________ (essayer) de mieux régler le chauffage en hiver. Certains élèves ____________ (trouver) peut-être un sponsor pour installer un garage à vélos au lycée.

4 L'eau en France

△ **a** *Lisez le texte deux fois et expliquez à deux (avec votre partenaire) comment les Français consomment l'eau.*

Les pays qui se trouvent dans le sud de l'Europe ont des étés de plus en plus chauds. Il faut donc qu'ils fassent très attention à leur consommation[1] d'eau pour que les réserves ne s'épuisent pas.
Voici comment les Français consomment[2] leur eau:

- 43 % de l'eau est consommée par l'agriculture. Les nombreuses cultures de maïs dans le sud-ouest de la France demandent beaucoup d'eau et les agriculteurs doivent arroser[3] leurs champs tous les jours en été. La consommation d'eau pour l'agriculture a été multipliée par 4 entre 1970 et 1997.
- 42 % de l'eau est consommée en eau potable[4]. La consommation moyenne est de 150 litres par jour et par habitant (pour les douches, WC, lave-vaisselle …, mais aussi pour les piscines, les canons à neige en montagne, …)
- 7 % de l'eau est utilisée dans l'industrie. Il faut par exemple 80 litres d'eau pour faire un kg de sucre, 35 000 litres d'eau pour fabriquer une voiture ou 40 litres pour un kg de papier (mais 10 litres pour 1 kg de papier recyclé).
- 8 % de l'eau est utilisée pour la production d'électricité. Les centrales électriques réchauffent l'eau des rivières.

Quantité d'eau nécessaire pour fabriquer:

1 kg de sucre: 80 l

1 l de bière: 10 l

1 kg de laine: 150 l

1 kg de papier: 40 l

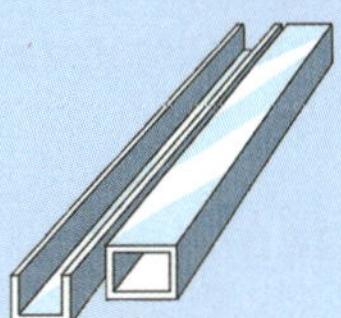
1 kg d'aluminium: 1250 l

1 voiture: 35000 l

b Comment est-ce que les Français pourraient consommer moins d'eau?
Trouvez quatre solutions pour consommer moins d'eau.

c *Maintenant, comparez vos solutions avec celles de deux autres groupes.*

1 **la consommation** der Verbrauch – 2 **consommer** verbrauchen – 3 **arroser** besprengen – 4 **l'eau potable** das Trinkwasser

atelier B

5 Comprendre le texte → *nach Texteinführung*

Quelle est la fin de la phrase? Reliez les parties de phrase qui vont ensemble.

Une centrale nucléaire O	O c'est qu'il n'émet pas de gaz.
L'avantage du nucléaire O	O coûte moins cher que le solaire.
Le solaire et l'éolien O	O sont des énergies renouvelables.
Le nucléaire O	O s'épuisent.
Les inconvénients du nucléaire O	O sont les accidents et les déchets.
Les sources de pétrole O	O produit de l'énergie électrique.

6 Avantages et inconvénients → *vor SB Ü2*

a *Complétez ce tableau sur les avantages et les inconvénients des différentes sortes d'énergie.*

	les avantages ☺	les inconvénients ☹
énergies fossiles	On utilise le pétrole pour nos moyens de transport, notre chauffage, la ________ industrielle ou ________.	Le pétrole et le charbon ________ des gaz à effet de serre qui sont la cause principale du ________ climatique.
énergie nucléaire	L'électricité à base d'énergie nucléaire a un ________ assez faible. Elle n'a pas d'________ sur l'effet de serre.	Il y a un ________ d'accident grave. On ne sait pas où mettre les ________. Les réserves ________ s'épuisent.
énergies renouvelables	Les énergies qui viennent de l'eau, du vent, du soleil sont presque ________ et elles ne polluent pas l'air.	Elles ________ parfois des conditions ________. Ces énergies n'________ que 20 % de la production de l'électricité mondiale.

b *Travaillez à deux et trouvez d'autres* ***avantages*** *ou* ***inconvénients*** *pour* ***les énergies renouvelables****.*

c Et vous, quelle est votre consommation **d'électricité** et **de pétrole** chaque jour? *parler*
Ecoutez-vous la radio, avez-vous un portable, utilisez-vous un sèche-cheveux? Venez-vous à l'école en bus?
Faites un tableau de votre consommation dans votre cahier et cherchez comment vous pourriez limiter cette consommation d'énergie. Discutez en groupe.

7 Ils sont de la même famille! → *nach SB Ü3*

Retrouvez les familles de mots. N'oubliez pas les articles!

le soleil → ________ produire → ________

chaud → ________ accuser → ________

changer → ________ nouveau → ________

8 La Camargue en danger

lire

△ Quelles seront les conséquences du réchauffement sur la France au XXIe siècle? Dans un document publié en 2005 par le gouvernement français, on apprend qu'à cause de l'effet de serre, les températures augmenteront de un à deux degrés en hiver, alors que celles de l'été et de l'automne dépasseront de plus de deux degrés les températures actuelles sur la plus grande partie de la France.
Pour la végétation, un degré de plus correspond à une France dont les frontières seraient déplacées de 100 kilomètres vers le sud …
Les précipitations[1] connaîtront une hausse en hiver et une «certaine diminution» en été, suivant les régions. L'élévation générale du niveau de la mer devrait atteindre 50 centimètres dans l'Hexagone[2], avec des conséquences principalement en Camargue et dans le Languedoc. Le changement entraînera[3] également des modifications au niveau de la végétation et créera des conditions plus favorables aux insectes tropicaux ou au développement de certaines maladies comme les maladies du cœur.
Selon les données de la météo française, la hausse moyenne des températures a été de 1,7 degrés depuis 1976. Dans les Alpes françaises, on a constaté une baisse de l'enneigement de 40 % depuis 1960.

a *Lisez le texte et cochez* ***la bonne réponse****. Vous devez comprendre le sens général du texte. Ce n'est pas grave si vous ne comprenez pas tous les mots.*

1. Les températures vont
- ☐ augmenter de plus de 2 degrés en hiver.
- ☐ vont moins augmenter en hiver qu'en été.
- ☐ vont augmenter de moins de 2 degrés en été.

2. Quand la France se réchauffe d'un degré,
- ☐ les frontières des pays changent.
- ☐ il pleut plus en été.
- ☐ c'est comme si ses frontières allaient 100 km plus au sud.

3. Il pleuvra
- ☐ plus en hiver.
- ☐ plus en été.
- ☐ moins toute l'année.

4. En France, au XXIe siècle,
- ☐ la mer pourrait inonder la Bretagne.
- ☐ le niveau de la mer diminuera en Camargue.
- ☐ la végétation changera.

5. Avec le réchauffement du climat
- ☐ les maladies du cœur se développeront.
- ☐ les insectes vont disparaître.
- ☐ les gens seront souvent malades.

6. Dans les Alpes,
- ☐ il y aura 40 % de neige en moins à la fin du siècle.
- ☐ il y a 40 % de neige en moins en hiver, comparé à 1960.
- ☐ la température a augmenté de 1,7 degrés en 10 ans.

b Parfois, pour mieux comprendre un article, il faut se renseigner.
Cherchez sur un atlas ou sur Internet où se trouve la Camargue. Regardez les fleuves[4] et le relief. Quelle est la végétation? Quels animaux trouve-t-on en Camargue?

c *Maintenant, lisez le texte une deuxième fois et commentez le titre de l'article: «La Camargue en danger». Essayez de bien comprendre la phrase du texte sur la Camargue. Quel est le message du journaliste?*

1 **les précipitations** die Niederschläge – 2 **l'Hexagone** das Sechseck (So wird Frankreich genannt.) – 3 **entraîner qc** etw. bewirken – 4 **un fleuve** ein Fluss

10

auto-contrôle

1 Qu’est-ce qu’on dit en français?

Tu fais un exposé sur le réchauffement climatique.

1. Du sagst, dass die Lebensweise der Menschen die Grundursache für die Erderwärmung ist.

____

2. Du sagst, dass die Heizungen mit Erdöl Treibhausgase ausstoßen.

____

3. Du sagst, dass die industrialisierten Länder diesen Gasausstoß reduzieren müssen.

____

4. Du sagst, dass die Erdölreserven nicht ausreichen werden. Sie werden sich in ein paar Jahren erschöpfen.

____

____

5. Du sagst, dass die erneuerbaren Energien fast unerschöpflich sind.

____

2 Qu’est-ce que c’est?

Trouvez les mots.

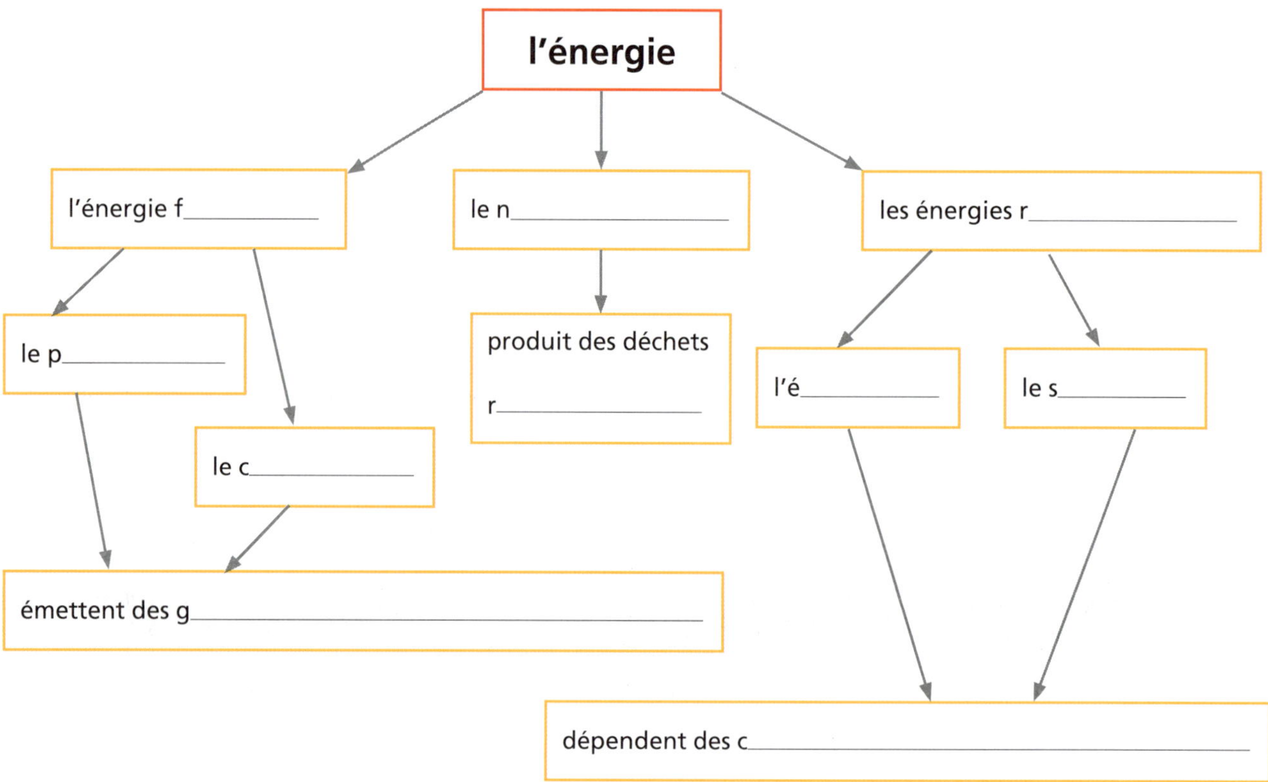

3 Est-ce le conditionnel? *(G 18)*

a *Mettez dans la colonne de droite «F» pour futur, «I» pour imparfait et «C» pour conditionnel. Attention, il y a un intrus! Entourez-le.*

je serai	F	nous voudrons		tu pourras		ils laisseront	
vous changiez		elle avait		je lutterais		j'étais	
nous voulions		elles feraient		vous changeriez		elle aurait	
tu pourrais		je serais		nous fassions		elles feront	
il saurait		il saura		elle aura		il savait	
tu faisais		ils laissaient		ils laisseraient		je luttais	

4 On pourrait agir pour l'environnement. *(G 18)*

Trouvez les verbes et mettez-les au conditionnel.

avoir | être (2 x) | falloir | devoir

1. Si on utilisait plus d'énergie solaire, il y ______________ moins d'émissions de gaz à effet de serre.

2. Quelques villes en France ont maintenant installé des vélos que tout le monde peut utiliser: les *Vélib'* à Paris et les *Vélo'V* à Lyon. Si tout le monde partait au travail en vélo, l'air ______________ moins pollué et les gens ______________ plus sportifs.

3. Dans le sud de la France, l'agriculture utilise beaucoup d'eau avec la culture du maïs. Comme il pleut de moins en moins en été, il ______________ des champs d'oliviers, de lavande ou des arbres fruitiers à la place du maïs.

4. Les gens ______________ aussi penser à éteindre la lumière ou leur ordinateur quand ils quittent leur bureau.

Dossier 11

atelier A

1 Où sont les fautes? → *nach Texteinführung «La francophonie, c'est quoi?»*

a *Travaillez à deux. Le partenaire A cache la colonne B, le partenaire B cache la colonne A. Dans chaque phrase, il y a une faute. Trouvez-la. Votre partenaire vous dit si vous avez bien corrigé.*

b *Echangez les rôles.*

A	B
La francophonie, c'est l'ensemble des personnes qui aiment le français.	(La francophonie, c'est l'ensemble des personnes qui (~~aiment~~) utilisent/parlent le français.)
(Dans certains pays ou certaines régions, le français est la langue maternelle: Dans ces pays, les gens (~~ne~~) parlent (~~pas~~) le français dans leur famille)	Dans certains pays ou certaines régions, le français est la langue maternelle: Dans ces pays, les gens ne parlent pas le français dans leur famille.
Quand le français est une langue d'enseignement, les jeunes regardent la télé en français.	(Quand le français est une langue d'enseignement, les jeunes (~~regardent la télé~~) ont/suivent des cours en français.)
(Quand la carte d'identité et les papiers de quelqu'un sont en français, cela signifie que le français est la langue (~~d'enseignement~~) officielle du pays.)	Quand la carte d'identité et les papiers de quelqu'un sont en français, cela signifie que le français est la langue d'enseignement du pays.
En Algérie, il existe un bain anglophone: On peut facilement lire ou communiquer en français grâce aux journaux, à la télé, aux magazines francophones.	(En Algérie, il existe un bain (~~anglophone~~) francophone: On peut facilement lire ou communiquer en français grâce aux journaux, à la télé, aux magazines francophones.)
(Dans le parler algérien il (~~n'y a pas~~) y a beaucoup de mots français.)	Dans le parler algérien il n'y a pas de mots français.

2 Un peu d'histoire → *nach Texteinführung «La langue française en Algérie»*

a *Faites des phrases correctes en reliant les parties qui vont ensemble et ajoutez la bonne date.*

b *Lisez vos phrases.*

1. En ________,	245 000 Européens sont en Algérie. A leur arrivée, ils	introduisent la langue française.
2. En ________,	les professeurs font leurs cours en arabe, mais beaucoup de journaux	obtiendront en 1962, après 8 ans de guerre.
3. En ________,	les premiers colons français arrivent en Algérie. Ils y	ont reçu un terrain agricole.
4. A partir de ________,	l'Algérie devient un territoire français qui	sont encore en français.
5. A partir des années ______,	les Algériens se battent pour avoir leur indépendance, qu'ils	est divisé en trois départements. Le français y est langue officielle.

3 Aïda rencontre Vito. *(G 19)* → *beliebig*

communiquer

Aïda est à Paris pour la première fois.
Au musée du Louvre, elle attend pour acheter son billet d'entrée.
Pendant qu'elle fait la queue, elle discute avec le garçon qui attend devant elle: Vito.
Elle lui pose beaucoup de questions.

a *Posez les questions avec **est-ce que**.*
b *Trouvez pour chaque question l'interrogation avec **inversion**. Ecrivez-la dans votre cahier.*

Aïda: Pardon, est-ce que je t'ai marché sur les pieds? *Vito:* Non, non je n'ai rien senti.

____________________ – Je viens de Suisse.

____________________ – Non, je viens de la Suisse italienne.

____________________ – J'ai appris le français à l'école.

____________________ – Je l'apprends depuis quatre ans.

____________________ – J'ai trois heures de français par semaine.

____________________ – Je suis venu en train.

____________________ – Je reste trois jours à Paris.

4 Ancka et le français → *nach SB Ü 2*

écouter

a *Ecoutez une première fois ce que dit Ancka. Lisez ensuite les phrases du tableau.*

b *Ecoutez Ancka une deuxième fois. Est-ce que les phrases sont **vraies** ou **fausses**?*

	Vrai	Faux
1. Ancka vient de Roumanie.	☐	☐
2. Le roumain est une langue latine.	☐	☐
3. Ancka aimerait voyager en Europe francophone.	☐	☐
4. Ancka n'a jamais rencontré de Français.	☐	☐
5. Il y a des touristes français en Roumanie.	☐	☐
6. La vie est chère en Roumanie.	☐	☐
7. En Roumanie, tous les jeunes apprennent le français comme première langue étrangère.	☐	☐
8. La Roumanie fait partie de la francophonie.	☐	☐

5 Quel pays francophone? → nach SB Ü 3

a *Trouvez le pays ou la région qui correspond à la définition.*

1. Sur cette île on parle 28 dialectes.
2. Ho Chi Minh-Ville en est la capitale économique.
3. Le Franc CFP y est la monnaie locale.
4. C'est un département français en Amérique du Sud où il y a une base spatiale.
5. Le riz au gras y est une spécialité culinaire.
6. La Nouvelle-Orléans en est la capitale.
7. La frontière à l'est de ce pays est un fleuve.
8. Dans ce pays, il y a plus de deux-roues que de voitures.

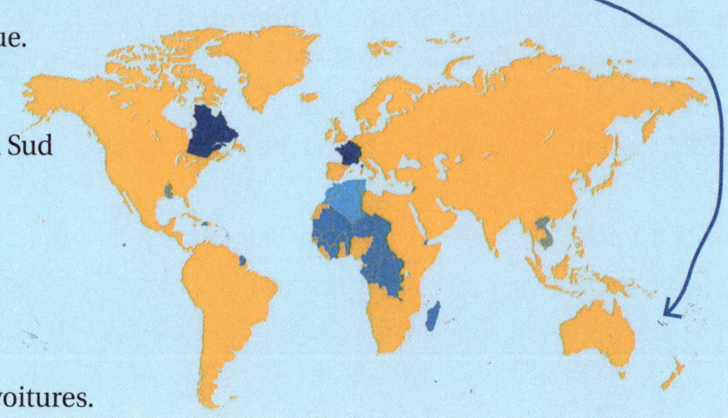

b *Travaillez à deux et trouvez deux autres points qui caractérisent un de ces pays / régions / départements.*

6 Je présente la République du Congo. → nach Texteinführung

Prenez une feuille de papier pour cacher les solutions en jaune. Lisez la première ligne bleue plus traduisez-la en français. Ensuite, contrôlez si votre phrase est juste (la ligne jaune en dessous). Relisez la phrase correcte.

Je vais vous présenter la République du Congo.

Du sagst, dass dieses zentralafrikanische Land seine Unabhängigkeit von Frankreich im Jahr 1960 erhalten hat.

Ce pays d'Afrique centrale a obtenu son indépendance vis à vis de la France en 1960.

…, dass die Hauptstadt Brazzaville heute 1,2 Millionen Einwohner zählt.

La capitale Brazzaville compte aujourd'hui 1,2 million d'habitants.

…, dass es in Brazzaville viele sehr arme Viertel gibt.

A Brazzaville, il y a beaucoup de quartiers très pauvres.

…, dass dort Französisch als Amtssprache verwendet wird.

Le français y est la langue officielle.

…, dass die Mehrheit der Einwohner mit kleinen Arbeiten von einem Tag auf den anderen lebt.

La majorité des habitants vit au jour le jour de petits boulots.

…, dass dich das Land interessiert und du gerne dort hinreisen möchtest.

Ce pays m'intéresse et j'aimerais bien y voyager / y aller.

7 Du mot à la phrase → *beliebig*

Faites des phrases avec ces mots: une mini-histoire par couleur.
Vous pouvez faire des phrases marrantes ou fantaisistes.
Ensuite, faites des groupes de trois élèves et lisez vos histoires.

un poisson | la plage | le sable | un plongeur

un piéton | une mobylette | un casque | marcher | une odeur

s'entraider | un travail | l'économie | un emploi | les affaires

8 Le tour de la francophonie

a *Regardez la carte de la francophonie à la fin de votre livre. Cochez les bonnes réponses.*

1. Nouméa est la capitale
   - ☐ de la Guyane. ☐ du Congo.
   - ☐ de la Nouvelle-Calédonie.

2. En Algérie, au XVIe siècle, on parlait
   - ☐ l'arabe. ☐ l'anglais. ☐ le français.

3. Le Mali a une frontière commune avec
   - ☐ le Togo. ☐ le Sénégal. ☐ le Congo.

4. La Guyane se trouve en Amérique
   - ☐ du Nord. ☐ du Sud. ☐ centrale.

5. Au Cameroun, le français est langue
   - ☐ d'enseignement. ☐ locale. ☐ officielle.

6. Combien y a-t-il d'îles francophones dans l'Océan pacifique?
   - ☐ Moins de 10. ☐ Plus de 10. ☐ Plus de 20.

7. La Nouvelle-Calédonie se trouve dans l'Océan
   - ☐ Indien. ☐ Pacifique. ☐ Atlantique.

8. Au Maroc, le français est langue
   - ☐ d'enseignement. ☐ maternelle. ☐ officielle.

9. Quel pays n'est pas francophone?
   - ☐ Le Liban. ☐ La Belgique. ☐ Cuba.

10. En Afrique combien y a-t-il de pays francophones?
    - ☐ Moins de 17. ☐ Entre 17 et 25. ☐ Plus de 25.

b Sur la carte, les îles ou régions avec le drapeau français sont des départements ou territoires français d'outre-mer. On appelle l'ensemble de ces régions «la France d'outre-mer».

Travaillez à deux et cherchez des informations sur Internet à propos de «la France d'outre-mer». Puis choisissez une région et faites des recherches sur cette région. Ensuite, échangez vos informations avec deux autres groupes pendant 5 minutes.

9 D'où viennent-ils? → *beliebig*

a A une rencontre francophone, Amélie a fait la connaissance de quatre jeunes.
Le soir, elle est enthousiasmée et raconte à sa copine qui elle a rencontré.
Ecoutez Amélie et trouvez les pays / régions francophones des 4 jeunes.

1 ______________________ 3 ______________________

2 ______________________ 4 ______________________

b Qu'est-ce qu'Amélie a appris de ses quatre nouveaux amis?
Ecrivez ce que lui ont dit les jeunes qu'elle a rencontrés.

Colline

Soane

Samuel

Mathilde

auto-contrôle

1 Qu'est-ce qu'on dit en français?

Après ton exposé sur la francophonie, des élèves te posent des questions.

1. Ein Schüler fragt, ob man in Asien Französisch spricht.

2. Du antwortest, dass man auf allen Kontinenten der Erde Französisch spricht.

3. Eine Schülerin erkundigt sich über die Anzahl der Personen, die Französisch sprechen.

4. Du antwortest, dass man heute mehr als 169 Millionen frankofone Menschen auf der Welt zählt.

5. Eine andere Schülerin fragt, wie die französische Sprache nach Mali kam.

6. Du antwortest, dass Mali schon 1895 eine französische Kolonie wurde. Dann hat sich die französische Sprache durch die neuen französischen Bewohner in dem Land verbreitet.

2 Les langues

De quelle langue s'agit-il? *Complétez.*

1. Deux langues internationales sont parlées sur tous les continents. C'est — 1. ______________________.
2. La langue qu'on apprend quand on est petit, dans sa famille, c'est — 2. ______________________.
3. La langue des documents administratifs est appelée — 3. ______________________.
4. Au Maroc, on parle le français dans les universités, le français y est — 4. ______________________.
5. Le dialecte qu'on parle seulement dans une région, c'est — 5. ______________________.

3 Du vocabulaire

Trouvez la bonne réponse.

Ⓐ	Ⓑ
1. Cela a de l'importance.	☐ C'est important. ☐ Ce n'est pas important.
On fera le référendum en 2050. ☐ On parlera d'un référendum en 2050. ☐	2. Un référendum est prévu en 2050.
3. Le fleuve sépare deux pays.	☐ Le fleuve traverse les deux pays. ☐ Le fleuve fait la frontière entre deux pays.
On l'a construite en 1250. ☐ On l'a détruite en 1250. ☐	4. La ville a été fondée en 1250.
5. Le français perd de l'importance.	☐ Il est de moins en moins important. ☐ Il reste très important.
Il a gagné plus d'argent que l'année dernière. ☐ Il a gagné plus d'argent l'année dernière. ☐	6. Il a gagné plus d'argent par rapport à l'année dernière.

Dossier 12

atelier A

VOC 1 Traces de mots → *vor Texteinführung*

a *Travaillez en groupes de quatre élèves. En lisant* ***pour la première fois*** *le texte «Le blog de Marina», trouvez – dans l'ordre du texte – tous les mots et expressions en français qui correspondent au mot allemand. Le premier qui a terminé dit «stop».*

der Eindruck	______	ein Ausflug	______
eine Affenkälte	______	wir haben … erreicht	______
das Thermometer	______	unser Ziel	______
eine Mütze	______	inmitten	______
der Arzt	______	der Ahornwald	______
praktisch	______	eine Zuckerhütte	______
sich schützen	______	eine Tradition	______
ein Netz	______	Ahornsirup	______
unterirdische Gänge	______ ______	ein Topf	______
ein Zugang	______	das Karamel	______
(nach) draußen	______	man verstreicht	______
Schlittschuhe	______	man rollt es ein	______
ein gefrorener See	______	ein Stab	______
blaue Flecken	______	die Ureinwohner Québecs	______

b *Ensuite, comptez les points de chacun: Un mot (ou une expression) correct = 1 point.*
Vous êtes le seul/la seule de votre groupe à avoir trouvé un mot (ou une expression) correct = 2 points.

Mes points: ______

c *Parmi ces nouveaux mots français, soulignez ceux qui ressemblent aux mots d'une autre langue que vous connaissez.*
Utilisez des couleurs différentes pour le français, l'anglais, l'italien, l'espagnol …

2 Question de style: les pronoms *(G 20, 21)* → *vor SB Ü3*

Grâce aux **pronoms objets**, et aux **pronoms *y* et *en***, vous écrivez dans un style plus élégant.

a *Dans les phrases suivantes, trouvez le pronom qui peut remplacer le mot ou l'expression* ***en caractères gras*** *et notez-le dans la colonne bleue.*

! Beachtet die Reihenfolge:
Pronomen + konjugiertes Verb/Hilfsverb

b *Dans la colonne jaune, écrivez la phrase avec le pronom.*

1. Paris, c'est la ville où Marina est née. Elle se sent bien **à Paris**. ______ ______________________
2. Elle adore les voyages et elle a lu plein de livres sur le Québec. Depuis longtemps, elle rêvait **de partir au Québec**. ______ ______________________
3. Alors elle a écrit à l'OFQJ. L'OFQJ aide **les jeunes** à organiser leur stage au Québec. ______ ______________________
4. Une dame de l'OFQJ a donné des bonnes adresses **à Marina** pour qu'elle trouve un stage à Montréal. ______ ______________________
5. Marina ne connaissait pas **la ville de Montréal**. ______ ______________________
6. Grâce à L'OFQJ, Marina a trouvé un stage à l'office du tourisme. Elle va tous les jours **à l'office du tourisme**. ______ ______________________
7. La patronne de l'office du tourisme a donné une carte soleil **à chaque stagiaire**. ______ ______________________
8. Marina raconte son expérience **à ses amis** sur son blog. ______ ______________________
9. Elle raconte qu'elle est allée dans une cabane à sucre avec Anne. Elle aime beaucoup **sa nouvelle amie**. ______ ______________________

c Voici les pronoms de la colonne bleue: y (2x), leur (2x), la, l', les, lui, en.
Si tu n'as pas les mêmes pronoms, essaie de trouver tes fautes.

3 Vocabulaire: Au fil des saisons

DICO

Dans le blog de Marina, vous avez entendu parler de l'hiver. Et les autres saisons de l'année?

a *Ecrivez dans votre cahier un maximum de mots qui vont dans les cases de cette grille. Vous pouvez aussi prendre une feuille[1] et la mettre dans la rubrique «mes mots» du dossier de votre portfolio (→ page 82). Vous pouvez chercher dans le dictionnaire les mots qui vous manquent.*

	l'hiver	**le printemps**	**l'été**	**l'automne**
les mois				
le temps qu'il fait				
les vêtements qu'on met				
les loisirs de la saison				

b *Choisissez une saison (p.ex. celle de votre anniversaire) et écrivez une histoire qui s'est passée, où vous avez eu de la chance ou pas de chance avec le temps qu'il faisait (environ 160 mots). Qu'avez-vous fait? Que s'est-il passé? Qui? Quand? Où?* *écrire*

1 **une feuille** ein Blatt

4 Une histoire pleine de fautes … → *nach Texteinführung*

a *Relisez le texte du livre à la page 83. Ensuite, lisez le texte ci-dessous (untenstehend).*

1. En 2009, les Québécois ont fêté les 500 ans de leur capitale. 2. Il y avait des feux de forêt, de la musique, des danseurs et des acrobates. 3. Des artistes québécois comme Camille et la compagnie du Cirque de l'Hiver étaient sur place. 4. Pour l'occasion, on a construit le long du fleuve le Saint-Jean, une promenade qu'on a appelée la promenade Jacques Cartier, d'après le nom de l'homme qui a fondé la ville de Québec. 5. L'histoire de la première ville francophone en Amérique du Sud commence en 1708. 6. Au cours du dix-huitième siècle, les premiers colons français y sont arrivés. 7. Ils achetaient des fourrures aux Amérindiens et leur donnaient des fourchettes et des cuillères en échange. 8. Malheureusement pour les Français, les Anglais se sont intéressés, eux aussi, au commerce des fourrures. 9. Ensuite, il y a eu six guerres entre les Français et les Anglais. 10. Enfin, ils ont signé le traité de paix de Londres en 1791 qui disait que la province franco-anglaise était maintenant sous les lois françaises. 11. Aujourd'hui, l'espagnol et le français sont les deux langues officielles du Canada.

b *Soulignez toutes les fautes et écrivez les informations correctes au-dessus des mots soulignés. (Il y a 16 fautes en tout!)*

VOC 5 Jeu de mots

a *Trouvez les mots français. Pour les noms, n'oubliez pas les articles.*

ein Siedler – ein Krieg – ein Pelz – ein Konflikt –

____

gründen – ein Friedensvertrag – viele Anstrengungen –

____

ein Werkzeug – ein Jahrhundert – eine Provinz

____

b *Complétez le texte avec les mots de la partie* **a**.

1. C'est Samuel de Champlain qui a ______________ la ville de Québec au début du 17e ______________. 2. Les premiers ______________ français échangeaient ______________________ contre ______________________ des Amérindiens. 3. Peu à peu, des colons anglais se sont aussi installés en «Nouvelle France». 4. Alors il y a eu ________________. 5. C'est seulement après quatre ________________ que les Anglais et les Français ont signé ________________________ de Paris en 1763. 6. Vingt-huit ans plus tard, en 1791, on a divisé le Canada en deux ________________ : le Haut-Canada où on parlait l'anglais et le Bas-Canada où on parlait le français. 8. Aujourd'hui, la langue française est très importante pour les Québécois: ils font ______________________________ pour la conserver.

6 L'album de Marina

écouter

De retour à Paris, Marina montre ses photos à son copain Mathieu, mais elle n'en commente que quatre.

a *En écoutant les commentaires de Marina, retrouvez le bon ordre des photos qui sont mélangées. Ecrivez le numéro dans la case correspondante (1–4).*

b *Ecoutez Marina une deuxième fois.*
Quel est ce monument, cet endroit?
Ecrivez une légende pour les quatre photos.

☐ ______________________________

☐ ______________________________

☐ ______________________________

☐ ______________________________

☐ ______________________________

☐ ______________________________

12

auto-contrôle

1 Les pronoms *(G 20, 21)*

Ajoutez les pronoms qui manquent.

eux | leur | leur | leur | m' | me | me | se | vous | vous | vous | y

Marine parle à Mathieu de son séjour au Québec:

1. A l'office du tourisme il ___ avait toujours beaucoup de travail.
2. Il y avait des touristes du monde entier et je _________ donnais des prospectus et des informations sur Montréal.
3. Quand je ne savais pas, je _________ disais: «Attendez un instant, ma collègue va __________ renseigner».
4. Le soir, j'allais souvent à la patinoire Bonsecours avec des collègues. On ______ retrouvait vers 18 heures et on patinait une heure.
5. Parfois, j'allais ensuite boire quelque chose en ville avec ________.
6. Au début, j'étais hyperfatiguée après la patinoire et je _________ disais: «Je ne peux pas aller au café avec _________, je suis trop fatiguée, je _________ quitte. Je vais _______ reposer.»
7. J'allais chez le dépanneur du coin, je ______ achetais des fruits et des légumes, je mangeais et je _______ couchais.

2 Les pronoms et leur position dans la phrase *(G 20)*

Mettez les mots entre parenthèses dans l'ordre correct et complétez le dialogue.

1. *Marina:* Je ne connais pas bien l'histoire du Québec. [parler – peux – en – tu – m' – Est-ce que]

____ un peu?

2. *Anne:* Bien sûr! Notre *Belle Province* est née au XVIIIe siècle.

Ce sont les Français [lui – qui – donné – ont] _________________________ son nom.

[vivaient – les Amérindiens – Mais – y] ____

déjà depuis longtemps.

Les Anglais [trouvaient – la – intéressante] _________________________________ aussi.

3. *Marina:* Cette région [à cause des fourrures – plaisait – leur] _________________________

____.

4. *Anne:* Les Français [cédée – ont – aux Anglais – l'] _________________________ après 4 guerres.

Mais leur langue et leurs traditions, les Québécois [gardées – ont – les] _________________________.

5. *Marina:* Et aujourd'hui, [contents – sont – ils – en – très] _________________________.

3 Mots croisés

Trouvez les mots croisés.

1. On mesure la température avec un ? .
2. Les Iroquois ? leurs belles fourrures contre des outils.
3. Cent ans, c'est un ? .
4. On peut patiner sur un lac ? .
5. Quand le métro n'avance pas sur la terre, mais sous la terre, il est ? .
6. Quand on est dans la nature, on n'est pas dans une maison. On est ? .
7. Les ? soignent les malades.
8. Quand des gens se retrouvent à un endroit, on peut dire qu'ils se ? .
9. Sur le drapeau canadien, il y a une feuille d' ? .
10. En classe, quand les élèves vont visiter une ville, ils font une ? .
11. Les Amérindiens utilisaient la ? des animaux pour avoir chaud.
12. Quand on en a marre, on dit: «Maintenant, ça ? !»
13. En hiver, pour avoir chaud à la tête, on met un ? .
14. Le Saint-Laurent est un ? .

1 Faire un exposé

Introduction
1. histoire: Gustave Eiffel, Exposition universelle 1889, Verlaine
2. chiffres: hauteur 325 m, 1er étage: 345 marches

Conclusion: Alain Robert, 23 h15-minuit, 31 déc 1996

En cours de géographie, Théo et Antoine font un exposé sur la tour Eiffel.

Théo	Antoine
Nous allons vous parler d'un monument très visité en France: la tour Eiffel. **Dans une première partie, nous parlerons de** l'histoire de la tour Eiffel. **Dans une deuxième partie,** nous vous donnerons des chiffres concernant sa construction. **Et en conclusion**, nous vous raconterons une anecdote. **Maintenant, je passe la parole à** Antoine.	
	Merci Théo. Comme Théo vient de vous l'annoncer, nous allons commencer par l'histoire de la tour Eiffel. Elle a été construite pour l'Exposition universelle de 1889. Au début, beaucoup d'artistes la trouvaient horrible. Le poète Verlaine prenait même un autre chemin pour ne pas la voir! … **Maintenant Théo va vous présenter notre deuxième partie.**
Je vais vous donner des chiffres importants et en même temps vous montrer des photos et des tableaux en présentation PowerPoint. Nous avons trouvé ces photos sur le site officiel de la tour Eiffel. La construction en métal fait 325 m de haut. Il y a trois étages. On peut monter au premier avec l'ascenseur ou à pied. Il y a … (Une seconde, je cherche le chiffre exact dans mes notes.) … 345 marches[1] …	 Deux électriciens installent la lumière sur la tour Eiffel avant l'exposition universelle!
	Nous avons choisi de terminer notre exposé avec une anecdote: Le 31 décembre 1996, Alain Robert a escaladé la tour Eiffel. Il est parti à 23 h15 et il est arrivé en haut à minuit! C'est une façon originale de commencer l'année! **Voilà, notre exposé est terminé. Merci de votre attention. Maintenant, si vous avez des questions, nous y répondrons avec plaisir.**

A vous

parler

Avec votre partenaire, vous faites un exposé sur un monument français. Faites des recherches sur Internet ou dans une encyclopédie, prenez des notes, réfléchissez à un plan, puis écrivez trois ou quatre mots-clés par idée. Présentez votre exposé à la classe, en regardant seulement vos mots-clés.

– Aujourd'hui, nous allons vous présenter … Voici le plan de notre exposé …

1 **une marche** eine Treppenstufe

2 Savoir improviser

Avant un exposé, on pense à rester calme, à vérifier que le rétroprojecteur[1] ou l'ordinateur fonctionne bien. On accroche les posters et on met ses notes sur le bureau. Tout est bien préparé. Mais quand l'exposé commence, on peut avoir des problèmes … Alors il faut savoir improviser!

La Suisse linguistique

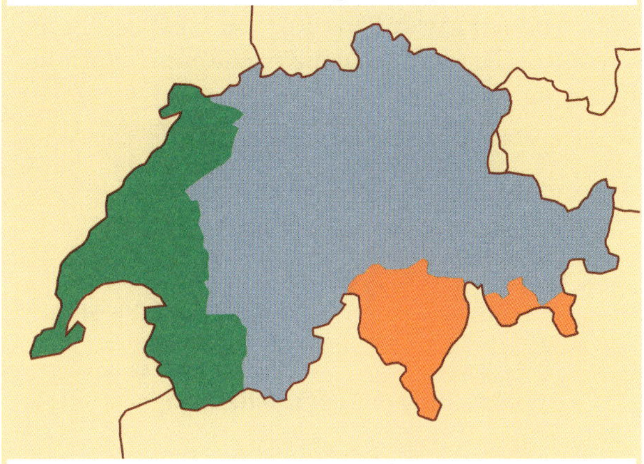

Alice	Arthur
Notre exposé porte sur[2] la partie francophone de la Suisse qui correspond à[3] l'Ouest de la Suisse. On l'appelle la Suisse romande. (*Elèves:* Plus fort, on n'entend pas bien!) Oh, je ne parle pas assez fort? Alors je vais essayer de parler plus fort. **C'est bon comme ça?** (Oui!) OK. Arthur va vous montrer cette partie de la Suisse sur la carte. C'est la région en vert.	
	Après une vue d'ensemble sur la carte, **je vous présente le plan de notre exposé sur le rétro-projecteur … Mais qu'est-ce qui se passe? La lampe ne marche plus? Apparemment**[4]**, nous avons un petit problème technique. Alors nous allons improviser** et écrire les mots-clés de notre plan au tableau.
Je vais écrire les mots-clés pendant que tu les présentes.	
	Bonne idée. **D'abord** nous vous parlerons des paysages et **ensuite** des villes de la Suisse francophone, **puis** de l'importance du tourisme. **Nous terminerons par**[5] les banques et l'industrie.
… Maintenant, nous arrivons à la fin de notre exposé. Nous espérons que nous vous avons donné envie de visiter cette magnifique région.	
	Et pour rester encore un peu dans l'ambiance de la Suisse romande, nous vous faisons écouter une chanson de William Sheller, un chanteur suisse. Le titre de la chanson est «Genève».

A vous

parler

A deux, vous choisissez une région ou une ville que vous aimez bien. Vous présentez cette région. Vous prévoyez une ou deux improvisations.

– Notre exposé porte sur … Apparemment, nous avons un petit problème …

1 **un rétroprojecteur** ein Tageslichtprojektor – 2 **porter sur** sich auf etwas beziehen – 3 **correspondre à** entsprechen – 4 **apparemment** anscheinend/offenbar – 5 **terminer par qc** mit etw. beenden

3 Dans une agence de voyages

Manon en a marre de Paris. Elle voudrait passer une semaine à Nice avec son copain. Elle entre dans une agence de voyages.

La Promenade des Anglais à Nice

La dame de l'agence de voyages	Manon
Bonjour, **asseyez-vous.**	**Merci. J'aimerais avoir des renseignements** pour partir à Nice du 13 au 19 mai. **Qu'est-ce que vous pouvez nous proposer pour deux personnes?**
Alors … nous avons une nouvelle formule[1] intéressante avion-hôtel pour 515 euros par personne en demi-pension. Vous prenez l'avion le 13 mai à 9 h à Orly et vous arrivez à Nice 1 h 20 plus tard. **L'hôtel se trouve à 800 m de la mer, dans un parc avec piscine et tennis.**	Hum, **est-ce que vous auriez une solution moins chère**?
Je vais regarder. Un petit instant s'il vous plaît … Nous avons une formule train-hôtel à 286 € **par** personne, petit-déjeuner compris[2]. Vous partez de la Gare de Lyon à 8 h 04. Vous arrivez à 13 h 36 à Nice. **Le TGV est direct.** A Nice, je peux vous réserver une chambre dans un petit hôtel à 10 minutes de la Promenade des Anglais.	**On préfèrerait louer[3] un petit appartement** et faire la cuisine nous-mêmes **plutôt que d'aller à l'hôtel.** Est-ce que c'est possible?
Oui, je pense. Je vais regarder si je trouve quelque chose. Alors, … nous avons un studio avec kitchenette pour 470 € la semaine plus 416 € de train aller-retour. **Ça vous fait en tout** 886 € pour la semaine, donc 443 € par personne. Avec cette formule vous êtes plus libres, mais vous n'avez aucun repas.	Oui, en effet. La formule train-hôtel que vous avez proposée est vraiment la plus intéressante. **Est-ce que vous pouvez nous noter les prix?**
Bien sûr.	Je vais en parler avec mon ami. Quand vous faut-il la réservation au plus tard?
Pour la formule train-hôtel, **le plus vite sera le mieux**, parce que c'est une offre limitée. Je n'ai plus beaucoup de billets.	D'accord. Alors nous allons nous décider vite. **Merci beaucoup pour les renseignements** et à bientôt.
Au revoir et bonne soirée!	**De même[4]!**

A vous

parler

Vous choisissez une ville de France où vous voudriez passer une semaine de vacances.
A deux, cherchez des renseignements, puis jouez la scène dans l'agence de voyages.
Un/Une élève travaille à l'agence, l'autre cherche des informations.
Pensez à ce qui est important pour le voyage: le prix, le logement, la date …
– Bonjour! J'aimerais avoir des renseignements sur / pour … Je voudrais …

1 **une formule** *(hier)* eine Pauschalreise – 2 **compris(e)** einschließlich, inklusive – 3 **louer** mieten – 4 **de même** ebenfalls

4 Au téléphone

Anne, une Québécoise, a préparé une sortie-surprise pour Marina, son amie française.
Marina se demande bien ce qu'elles vont faire demain! Elle téléphone à Anne pour lui poser quelques questions.

Anne	Marina
Allô!	
	Allô Anne? **C'est Marina à l'appareil.**
Ah, salut Marina!	
	Je voudrais te poser des questions à propos de ta surprise de demain. **Est-ce qu'il faut que** je m'habille pour aller dehors dans la campagne ou plutôt chic pour aller en ville?
Ah, oui. J'ai oublié de te dire: Il faut que tu t'habilles très chaudement avec un anorak et des chaussures pour marcher dans la neige. Et surtout n'oublie pas tes gants[1]!	
	Oh, mince. Je n'arrive plus à retrouver les miens depuis quelques jours. Je pense que j'ai dû les laisser quelque part. Mais où?
C'est pas grave. J'en prends une paire pour toi.	
	Oh super, merci. Est-ce que je prépare un sac à dos avec un pique-nique? Je peux aussi faire un gâteau!
Non, ce n'est pas la peine[2]. Là où nous allons, il y aura tout ce qu'il faut.	
	J'ai besoin de mes skis ou de mes patins à glace?
Non, t'en as pas besoin non plus.	
	Je suis vraiment impatiente[3] de savoir ce que nous allons faire!
Et moi, j'espère que ça te plaira! Alors à demain. **Je passe te prendre** à 9 heures comme convenu.	
	D'accord. A demain et bonne nuit!

A vous

parler

Demain, c'est l'anniversaire de votre partenaire. Vous imaginez une sortie-surprise pour elle/lui. Travaillez à deux. Vous téléphonez et vous prenez rendez-vous, et dites à votre partenaire ce qu'il/elle doit faire ou prendre. N'oubliez pas de dire où vous vous rencontrez, à quelle heure … Ensuite, échangez les rôles et faites l'autre conversation téléphonique.

– Est-ce que j'ai besoin de …? Est-ce qu'il faut que je prenne …?

1 **un gant** ein Handschuh – 2 **Ce n'est pas la peine.** Das brauchst du nicht. – 3 **impatient(e)** gespannt, ungeduldig

Das kann ich schon!

Mon portfolio

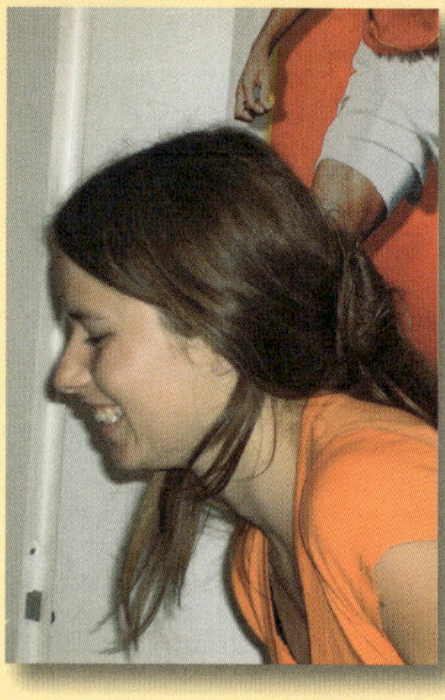

Nom: ____________________________________

Date de naissance: ________________________

Hinweise zum Anfertigen deines Fremdsprachen-Portfolios

Mit diesem Portfolio kannst du zum Abschluss des Lehrganges mit *Tous Ensemble* dokumentieren, was du bisher gemacht hast und was du alles kannst.
Dein Portfolio-Ordner soll dein Selbstvertrauen stärken und dich auf deinem Weg an weiterführenden Schulen oder im Berufsleben begleiten.
Fremdsprachen werden auch in deinem künftigen Leben eine Rolle spielen. Das Portfolio ist also hiermit nicht abgeschlossen, sondern kann immer weiter ergänzt werden.
Im Folgenden ein paar Hinweise, wie du dein Portfolio strukturieren kannst.

Deckblatt: Trage deinen Vor- und Nachnamen sowie dein Geburtsdatum ein und verziere das Deckblatt (z.B. mit Bildern aus Frankreich, die du gern magst).

1. Mes langues: Hier kannst du auf Französisch Angaben zu deinem sprachlichen Lebenslauf und deiner Einstellung zu Frankreich und zur französischen Sprache machen.

2. Mon dossier: In diesem Teil deines Portfolios kannst du alle Arbeiten sammeln, die du auf Französisch angefertigt hast und die dir besonders gelungen erscheinen.
Deine Lieblingsübungen ♡ oder deine Projektblätter gehören natürlich dazu!
Auf diese Weise kannst du deine Französischkenntnisse dokumentieren.
Ein Inhaltsverzeichnis (Seite 82), das du beliebig ergänzen kannst, hilft dir, dein Dossier zu strukturieren.

3. Mes compétences: Hier kannst du dich selbst einschätzen und ankreuzen, wie es um deine Fähigkeiten und Kenntnisse in der französischen Sprache bestellt ist. Die allgemeinen Angaben zur Selbsteinschätzung sind auf Französisch.

Je teste mes connaissances: Wenn du dir nicht sicher bist, was du ankreuzen sollst, kannst du einen kleinen Test machen (Seite 84), der dir beweisen wird, was du schon alles kannst und dass es sich lohnt, auch weiterhin Französisch zu sprechen, zu hören, zu lernen …

Dazu gibt es auf Seite 84 Lerntipps zu jeder Kompetenz.
Du kannst in grün ankreuzen, welche Lernmethoden du gern anwendest und gut beherrschst und in rot, welche Methoden du gern ausprobieren möchtest.

Eigene Gestaltung: Du kannst dein Portfolio natürlich auch nach deinen eigenen Vorstellungen gestalten und weiterführen.

Mes langues

Ma foto

Date: ____________________

Ma langue maternelle est: ____________________

A la maison, je parle: ____________________

Avec mes amis, je parle: ____________________

Au collège, j'ai appris ces langues étrangères: ____________ pendant ______ ans.

____________ pendant ______ ans.

____________ pendant ______ ans.

J'ai déjà **parlé une langue étrangère** dans les situations suivantes en dehors de l'école:

____

____

J'ai déjà **entendu une langue étrangère** dans les situations suivantes en dehors de l'école:

____

____

J'ai déjà **été en contact avec la langue française** dans les situations suivantes en dehors de l'école:

____

____

En cours de français, j'aime ____________________

____

Ce que j'aime dans **la langue française**, c'est ____________________

____

Je m'intéresse à la France / J'aime la France parce que ____________________

____

____

Si je pouvais **aller en France**, je ____________________

____

____

Quand on parle de **la France**, je pense à ____________________

____

____

Das kann ich schon!

Mon dossier

Table des matières	**numéro de la page dans mon dossier**
Mon curriculum vitae (sous forme de tableau)	page ______
Mon portrait (ma famille, mes amis, mes activités, mes loisirs, mes goûts …)	page ______
Ma vie quotidienne (mon collège, mon emploi du temps, ma journée …)	page ______
Mes textes (mes dialogues, mes interviews, mes biographies, mes articles …)	page ______
Mes poèmes et mes chansons	page ______
Mes lettres et mes e-mails à des Français, des correspondants …	page ______
Mes mots (filets de mots, mots croisés, mon dico)	page ______
Mes présentations, mes projets, mes exposés	page ______
Mes vacances, mes échanges et mes voyages en France	page ______
Mes dessins, mes photos	page ______
______________________________	page ______
______________________________	page ______

Mes compétences

Quels sont vos points forts?
Cochez la bonne case.
Si vous n'êtes pas sûrs, vous pouvez tester vos connaissances à la page 84.

	Super!	Bien!	Plutôt moyen!	Je vais m'exercer[1]!
écouter • Je comprends l'essentiel de ce que disent les Français quand ils parlent clairement et dans une langue de tous les jours. Je comprends surtout quand ils parlent de thèmes que je connais bien et qui m'intéressent, comme les loisirs, l'école, les copains … → Je teste mes connaissances, Ex. 1, p. 84				
• Je peux comprendre les idées principales d'une émission de radio ou de télévision sur l'actualité quand les speakers ne parlent pas trop vite et quand les sujets m'intéressent. → Je teste mes connaissances, Ex. 2, p. 84				
lire • Je peux comprendre des textes écrits dans une langue courante, une lettre, ou un e-mail. Je peux aussi comprendre un texte qui décrit un événement ou qui parle des sentiments, des souhaits de quelqu'un. → Je teste mes connaissances, Ex. 3, p. 84				
parler / communiquer • Je peux m'exprimer et raconter de façon assez précise des expériences, des événements, mes rêves, mes espoirs ou mes buts. Je peux donner mon opinion sur un sujet et expliquer pourquoi je pense ainsi. Je peux raconter une histoire ou l'intrigue d'un livre ou d'un film et exprimer mes réactions. → Je teste mes connaissances, Ex. 4, p. 84				
• Je peux me débrouiller dans la majorité des situations que l'on peut rencontrer au cours d'un voyage dans une région francophone. Je peux participer sans préparation à une conversation sur des sujets que je connais bien, qui m'intéressent ou qui concernent la vie de tous les jours (par exemple ma famille, mes loisirs, les voyages et l'actualité). → Je teste mes connaissances, Ex. 5, p. 84				
écrire • Je peux écrire un texte simple et cohérent sur des sujets qui me sont familiers ou qui m'intéressent personnellement. Je sais écrire des lettres à mes amis pour décrire ce que je fais en vacances, mes nouvelles expériences et impressions. → Je teste mes connaissances, Ex. 6, p. 84				

1 **s'exercer** üben

Das kann ich schon!

Je teste mes connaissances.

Du kannst die Lerntipps, die du gern anwendest und gut beherrschst, in grün ankreuzen, die Lerntipps, die du gern ausprobieren möchtest, in rot ankreuzen.

Lerntipps

Hören

- ☐ Ich konzentriere mich ganz auf das Hören, indem ich die Augen zumache.
- ☐ Ich kenne die Strategie S1 *Hören und verstehen* im SB[1], S. 230.
- ☐ Ich versuche, französische Lieder zu verstehen.
- ☐ Ich höre französisches Radio (im Internet).
- ☐ Ich schaue Filme in Französisch an.

Exercice 1: Höre, was Dom zu den anderen Schülern auf der Schüler-CD (Dossier 8) sagt und mache die Übung 5 Seite 48 im CdA[2].

Exercice 2: Höre die Radiosendung im Dossier 6 auf der Schüler-CD an und notiere die wesentlichen Punkte. Bearbeite die Übung 3 auf Seite 35 im CdA.

Lesen

- ☐ Ich kann manche Wörter erschließen, die ich bisher nicht kannte.
- ☐ Ich kenne die Strategie S3 *Einen Text lesen und verstehen* im SB, S. 230-231.
- ☐ Ich unterstreiche Schlüsselwörter.
- ☐ Ich lese Lektüren oder französische Texte/Artikel im Internet, ohne bei jedem fremden Wort im Wörterbuch nachzuschlagen.
- ☐ Ich achte auf die Zeiten und die Bindewörter.

Exercice 3: Lies den Auszug aus *L'E-den* auf Seite 49 und notiere dir die wesentlichen Punkte. Bearbeite die Übung 7 Seite 49 im CdA. Du kannst auch die Biografie von Marion Cotillard auf Seite 55 im CdA lesen und Übung 6 machen. Auch Übung 7 Seite 61 im CdA zum Zeitungsartikel über den Klimawandel kann dir helfen, dich einzuschätzen.

Sprechen / an Gesprächen teilnehmen

- ☐ Ich unterstütze meine Sätze mit Gestik und Mimik.
- ☐ Ich kenne die Strategie S5 *Einen Vortrag halten* im SB, S. 231-232.
- ☐ Ich kann Bindewörter und Adjektive auswählen, um mich genau auszudrücken.
- ☐ Ich beherrsche Redewendungen wie «A mon avis ...» aus Strategie S6 (SB, S. 232)fließend.
- ☐ Ich kann die Redewendungen in hervorgehobener Schrift bei den *en situation*-Seiten im Cahier S. 76-79 anwenden.
- ☐ Ich habe schon in Französisch auf Video gesprochen.

Exercice 4: Versuche, 2 Minuten lang über ein bestimmtes Thema zu reden und zu argumentieren (z. B. über einen Film, eine Fernsehsendung, ein alltägliches Erlebnis, deinen Tagesablauf oder deine Meinung zum Thema Umwelt) oder fasse die Comics-Geschichte aus Dossier 8B im SB auf den Seiten 55–58 zusammen. Wie gut ist dir das gelungen?

Exercice 5: Bearbeite mit einem Partner / einer Partnerin die *A vous*-Dialoge nach den en *situation*-Dialogen und beurteile dein Gesprächsverhalten. Kannst du gut frei sprechen? Bearbeite die *auto-contrôle*-Übungen *Qu'est-ce qu'on dit en français?* im CdA.

Schreiben

Ich überprüfe meinen Text gezielt auf Fehler:

- ☐ 1. Inhalt 2. Angleichungen (Subjekt + Verb; Adjektiv + Nomen), Zeiten 3. Rechtschreibung.
- ☐ Ich kenne die Strategien S7 und S8 *Einen Text schreiben/zusammenfassen* im SB, S. 232-233.
- ☐ Ich kann Bindewörter und Adjektive auswählen, um mich genau auszudrücken.
- ☐ Ich tausche mich mit Franzosen über E-Mail, Foren oder Briefe aus.

Exercice 6: Lies Texte, die du geschrieben hast (z.B. aus deinem Dossier) und beurteile, wie gut sie dir gelungen sind. Schreibe einen Zeitungsartikel: Bearbeite Übung 4 Seite 35 im CdA. Du kannst auch deine Meinung in einem französischen Forum oder Chatroom schreiben.

1 **SB** Abkürzung für Schülerbuch – 2 **CdA** Abkürzung für *Cahier d'activités*

Textes:

Dossier 1

2 Chanson de Bénabar: Paresseuse

d

1. Certains matins elle révise son emploi du temps
Imagine ce qu'elle doit faire et se dit... et puis non
Elle paresse
Au ralenti elle glisse de la cafetière à la fenêtre
Elle aimerait entendre un disque mais il faudrait le mettre
Et rien ne presse

Refrain
Mademoiselle paresse à Paris
Elle traîne, elle pérégrine
Son altesse caresse aujourd'hui
L'idée d'aller à la piscine

2. Elle descend dans la rue, il est 16 heures, elle marche lentement
Elle s'assoit sur un banc pour étudier le chemin le plus long
Le transport le plus lent
Le métro pourquoi pas mais y'a pas de grève en ce moment
Quant au bus il est trop tôt pour être bloqué dans les bouchons
Alors à quoi bon

Refrain
Mademoiselle paresse à Paris
Elle traîne, elle pérégrine
Son altesse caresse aujourd'hui
L'idée d'aller à la piscine

Musik+Text: Bruno Nicolini, Fabrice Ravelle-Chapuis

Dossier 7

6 Poème de Jacques Prévert: Déjeuner du matin

Il a mis le café
Dans la tasse
Il a mis le lait
Dans la tasse de café
Il a mis le sucre dans le café au lait
Avec la petite cuiller il a tourné
Il a bu le café au lait
Et il a reposé la tasse
Sans me parler
Sans me regarder
Il a allumé une cigarette
Il a fait des ronds avec la fumée
Il a mis les cendres dans le cendrier
Sans me parler
Sans me regarder
Il s'est levé
Il a mis son chapeau sur sa tête
Il a mis son manteau de pluie
Parce qu'il pleuvait
Et il est parti sous la pluie
Sans une parole
Sans me regarder
Et moi, j'ai pris ma tête dans ma main
Et j'ai pleuré.

Dossier 9

3 Test: bien se connaître pour choisir son orientation
Résultats du test

Vous avez une majorité de A
Vous êtes pragmatique et physique.
Vous recherchez surtout des activités sportives ou proches de la nature. Les questions abstraites ne vous intéressent pas, vous préférez les problèmes concrets et pourrez les résoudre grâce à votre bon sens (gesunder Menschenverstand). Vous êtes réaliste.

Vous avez une majorité de B
Vous êtes créatif(ve) et passionné(e).
Votre sens artistique et littéraire vous sera utile dans votre future orientation. Votre talent peut s'exprimer dans le théâtre, la musique, le dessin ou la littérature. Pour vous, un métier doit être exercé avec passion. Vous avez besoin de vous exprimer dans ce que vous faites.

Vous avez une majorité de C
Vous aimez communiquer.
Vous n'êtes pas fait(e) pour travailler seul(e), c'est sûr. Vous avez besoin de nouveauté et de personnes autour de vous. Vous aimez le contact avec les autres, vous savez les écouter et les comprendre.

Test réalisé par Cathy Lemer (paru dans Phosphore en janvier 2007)

Vous avez une majorité de D
Vous aimez expérimenter.
Vous êtes curieux(se) et vous êtes ouvert(e) aux nouvelles expériences. Vous souhaitez toujours savoir et apprendre de nouvelles choses. Vous savez ce que vous voulez. Vous aimez analyser des idées avec méthode.

Vous avez une majorité de E
Gestionnaire et rigoureux(se)
Vous êtes méthodique et vous aimez l'ordre.
Quand vous avez un but, vous faites tout pour y arriver, même si la tâche est difficile. Vous vous sentez bien entouré(e) de chiffres et vous savez vous adapter aux règles.

Vous avez une majorité de F
Ambitieux(se) et énergique
Diriger les autres, vous aimez ça! Vous aimez vous fixer des buts d'organisation. Votre ambition et votre énergie vous donnent assez de confiance pour y arriver. Votre sens des affaires peut vous diriger vers une carrière commerciale.

Dossier 1

1 Les adjectifs

a Les adjectifs qui ne forment pas leur féminin en *-e* et leur fémin pluriel en *-es* sont: dernier-musical-beau-indien-entier-nouveau-habituel-discret-long-vieux-excessif-doux

b

masculin	féminin	masculin	féminin
dernier derniers	dernière dernières	habituel habituels	habituelle habtuelles
musical musicaux	musicale musicales	discret discrets	discrète discrètes
beau/bel beaux	belle belles	long longs	longue longues
indien indiens	indienne indiennes	vieux/vieil vieux	vieille vieilles
entier entiers	entière entières	excessif excessifs	excessive excessives
nouveau/ nouvel nouveaux	nouvelle nouvelles	doux doux	douce douces

2 Le bon ordre des mots

a 1. un vrai jardin anglais
2. une joli**e** voiture gris**e**
3. un **bel h**omme dynamique
4. une **vieille** chanteuse engag**ée**
5. un autre groupe marrant
6. une lon**gue** chanson dou**ce**

3 La langue des jeunes

a Je te kiffe grave. <---> Je t'aime beaucoup.
Cette chanson déchire trop. <---> Elle est vraiment bien.
C'est trop bien. <---> C'est vraiment super.
Cette meuf est mortelle. <--->Cette fille est géniale.
Un mec mortel. <---> Un jeune homme très bien.
Je kiffe trop Diam's. <---> J'aime beaucoup Diam's.
Il te drague. <---> Il te fait la cour.
Ils assurent grave. <---> Ils sont vraiment bons!

b Je te kiffe grave. <---> Du bist cool / Ich stehe total auf dich.
Cette chanson déchire trop. <---> Das Lied ist echt geil.
C'est trop bien. <---> Das ist klasse.
Cette meuf est mortelle. <---> Die Frau ist hammer(mäßig).
Un mec mortel <---> Ein hammer(mäßiger) Typ
Il te drague. <---> Er baggert dich an.
Ils assurent grave. <---> Sie sind mega cool.

4 Jeu de vocabulaire

Les chansons: le couplet, les sons, les paroles, le texte, le rythme, la mélodie, les notes, la voix, le musicien, le chanteur/la chanteuse …
Où écouter la musique: la radio, la chaîne hifi, l'ordinateur, le CD, le concert, le cinéma, la Fête de la Musique ...
Les artistes français: Vincent Delerm, Manu Chao, Yannick Noah, Superbus, Jean Jacques Goldmann, Camille …

Dossier 2

1 Qu'est-ce qu'on dit en français?

1. Je n'ai pas assez d'argent sur moi. Est-ce que je peux payer avec une carte bancaire allemande?
2. Je suis désolé(e). Nous ne prenons pas ces cartes, mais il y a un distributeur de billets tout de suite à droite en sortant / quand vous sortez du magasin.
3. (Est-ce que vous pouvez me dire) Où se trouve le chocolat blanc? Dans l'allée numéro 3.
4. Et est-ce qu'il me faut une pièce / Est-ce que j'ai besoin d'une pièce d'un euro pour le chariot? Oui.
5. Est-ce que vous pourriez me changer deux pièces de cinquante (50) centimes contre une pièce d'un euro?

2 Vocabulaire

1. congés; 2. animaux; 3. rongeurs; 4. divorce; 5. dépenses; 6. matelas; 7. larmes

3 Que font les deux touristes?

1. Après avoir quitté l'hôtel ils/ les touristes cherchent leur voiture.
2. Après être montés dans la/leur voiture, ils regardent le plan de la ville.
3. Ils sont partis sans prendre leur appareil photo.
4. Un homme a volé l'appareil photo sans faire de bruit et sans remarquer l'agent.

4 Le nouveau beau-père

Les phrases qui ont un verbe au subjonctif sont :
2. fassent
3. soient
4. regardent
5. aie
6. dérangent
7. soit

5 Toujours des chiffres

1. Aujourd'hui, on est le 1er février.
2. Il est exactement neuf heures moins le quart.
3. Il part à seize heures quarante-huit.
4. J'ai cours d'anglais le lundi de 8 heures à 9 heures.

Dossier 3

1 Une histoire au passé composé

a Les verbes qui forment leur passé composé avec être:
Armelle: aller, se dépêcher, monter dans le bus
Jean et Hugo: aller, entrer, rentrer

b Armelle est allée au cinéma. Ensuite elle a attendu une heure avant le film parce qu'il y avait beaucoup de monde. Elle a adoré le film. Après, elle s'est dépêchée et elle a couru pour ne pas rater son bus. Elle a eu de la chance. Le bus est arrivé et elle est montée dedans.
Jean et Hugo sont allés à un match de foot. D'abord, ils ont payé leur ticket, puis ils sont entrés dans le stade. Le match n'était pas super. Ils ont été déçus par leur équipe préférée. Après le match, ils ont discuté avec d'autres jeunes et vers 11 heures, ils sont rentrés chez eux.

2 Ils sont partis.

… se sont retrouvés…ont vu…a joué… est partie…est tombée…**l'a aidée** …Ils se sont regardés… a souri…est partie…**l'a suivie**…Il est allé… il **l'a attendue**…elle est sortie…a reconnu…elle **l'a présenté**…Ils ont commencé…a invité…Ils sont allés…

3 Qu'est-ce qu'on dit en français?

1. J'ai adoré le film policier parce que l'histoire était très bien construite.
2. Le dessin animé ne m'a pas plu du tout. Les dessins étaient très artificiels.
3. L'histoire était quand même touchante.
4. L'actrice principale de la comédie était très naturelle et très belle.
5. L'histoire de la comédie n'était pas logique. Elle était très ennuyante.
6. Les effets spéciaux du film de science-fiction n'étaient pas très bons.
7. Je suis d'accord avec toi. C'est sûrement pour ça que ce film n'a pas eu la palme d'or au festival de Cannes.

4 Bon ou bien?

1. Tu fais très **bien** la cuisine! C'est très **bon**!
2. Je ne suis pas très **bonne** en Handball, mais j'aime **bien** faire du sport.
3. Si tu travailles **bien**, tu auras des **bonnes** notes.
4. J'aime **bien** tes gâteaux, ils sont toujours très **bons**!

Dossier 4

1 Le symbole de Paris

a all**é** – donn**é** – voul**u** – fêt**é** – atten**du** – invit**é** – fai**t** – ét**é** – pr**is** – aim**é** – écri**t** – l**u** – deven**u** – ven**u** – dorm**i** – chois**i** – per**du** – e**u** – part**i**
Passé composé avec **être:** allé – devenu – venu – parti

b 1. a fêté 2. a donné 3. voulait 4. faisait 5. a eu, a voulu 6. a fait 7. a fabriqué 8. les a reliées 9. n'aimaient pas 10. devait 11. a eu, l'a gardée 12. est devenue

2 Paris, la ville des superlatifs

1. la plus grande 2. plus grande que 3. les plus beaux de 4. le plus connu du 5. plus haute que, moins haute que, la plus haute d'

3 Vocabulaire pour parler de Paris

1. Parisienne 2. identiques 3. utiliser 4. bronze 5. distance 6. moyens de transport 7. guillotiner 8. tonne 9. Moyen-Âge 10. carrée 11. siècle 12. prison 13. terrain de foot 14. métropole 15. cathédrale

4 Qu'est-ce qu'on dit en français?

1. Où est-ce que tu habitais à/dans Paris?
2. J'habitais près de la station de métro Saint-Paul, chez des amis.
3. Qu'est-ce que tu as visité à Paris?
4. J'ai adoré Montmartre, parce que c'est un village dans une métropole.
5. J'ai pris le métro au moins trois fois par jour.

Dossier 5

1 Qu'est-ce qu'on dit en français?

1. La grande majorité des ados ne pourrait plus vivre sans Internet.
2. On peut devenir accro, quand on joue en ligne tout le temps.
3. N'importe qui peut lire ce que tu as écrit dans un blog ou sur un forum.
4. Les moteurs de recherche conservent/gardent plusieurs années les traces des sites.
5. Je connais tous ces dangers, mais je ne pourrais pas supporter de ne plus chatter.

2 Vocabulaire

1. jeux de société 2. allumer 3. éteindre 4. lecteur 5. un moteur de recherche 6. télécharger

3 La prof a demandé si …

1. La prof nous a demandé **si nous avions fait le sondage sur Internet.**
2. Un élève a répondu **que la majorité des élèves l'avait fait.**
3. Un autre élève a expliqué **que plus de la moitié des personnes qu'il avait interrogées passait au moins deux heures par jour devant l'ordinateur.**
4. La prof a indiqué **que beaucoup de jeunes téléchargeaient de la musique.**

4 Sur Internet ou devant la télé

1. Tous les soirs, je me jette sur la télécommande pour allumer la télé.
2. Je suis fière d'avoir réussi à me passer de télé.
3. Je me suis connectée à MSN pour chatter avec mes copines, puis j'ai joué en ligne.
4. Julie dit qu'elle utilise Internet pour télécharger des logiciels.

Dossier 6

1 Aujourd'hui à la une

le nom du journal – un dessin – une rubrique – un sous-titre – une photo – la une

2 Quel est l'intrus?

1. Le magasin: on ne le lit pas.
2. Le lecteur ne travaille pas pour un journal.
3. Le son n'est pas utilisé dans un journal.
4. Un sous-titre n'est pas un dessin, c'est un texte.

3 Qu'est-ce qu'on dit en français?

1. Les journalistes ont la responsabilité d'informer les lecteurs sur les faits et ils ne doivent pas transmettre une image fausse du monde.
2. Il y a la liberté de presse et c'est important que les journalistes donnent leur opinion. Les lecteurs peuvent acheter le journal qui leur plaît.
3. Les journalistes attirent l'attention sur des faits qu'on ne connaissait pas jusqu'ici. Je trouve ça bien.

4 Ne crois pas tout.

1. Passe-moi le journal.
2. Intéresse-toi aux informations.
3. Sois critique face aux médias.
4. Ne crois pas tout ce qu'il y a dans les journaux.
5. N'ayez pas peur de poser des questions.
6. Ayons notre propre opinion.
7. Partageons-la avec nos amis.
8. Parlez-leur librement.

5 D'un passé à l'autre

1. elles sont arrivées 2. on a apporté 3. tu es resté(e) 4. ils sont rentrés 5. il est descendu 6. elle a vite disparu

Dossier 7

1 Qu'est-ce qu'on dit en français?

1. Chaque année, beaucoup d'immigrés d'Asie et d'Afrique viennent/arrivent en France.
2. Ces hommes et ces femmes viennent dans l'espoir d'une vie meilleure en Europe.
3. Souvent, le père habite déjà en France. Il envoie du courrier à sa famille.
4. Au début, beaucoup d'immigrés parlent à peine (le) français.
5. Je n'envie pas les immigrés illégaux qui doivent vivre en France sans papiers.

2 Vocabulaire

1. du savon ; 2. une frontière ; 3. âgée ; 4. clandestin ; 5. le courrier ; 6. trois quarts

3 Dans ma classe

1. Mes copains de Chine **ne** sont **plus** avec moi.
2. En France, je **ne** connais **personne**.
3. Je **ne** parle **pas** bien le français.
4. Je **n'**ai **jamais** joué au rugby.
5. En cours de maths, je **ne** comprends **rien**.
6. Ici, je **n'**ai **pas encore** d'amis français.

4 Le rallye Paris-Dakar

1. partait; finissait 2. sont partis; ont fini 3. étaient 4. sont arrivées; étaient parties 5. faisait 6. faisait 7. a gagné

5 Un billet retour pour Dakar

1. Boubacar **vivait** en France sans papiers depuis six mois.
2. Il **avait quitté** le Sénégal parce qu'il **avait eu** des problèmes dans son pays.
3. Un samedi soir, la police **l'a arrêté** en banlieue de Paris.
4. Les agents **l'ont mis** dans une camionnette et ils **l'ont accompagné** à l'aéroport.
5. Là, un avion pour Dakar l'**attendait** déjà.
6. Quand il **est descendu** de l'avion il **avait** peur.

Dossier 8

1 Qu'est-ce qu'on dit en français standard?

1. On va au cinéma? Vous en avez envie?
2. Oui, pourquoi pas. / Oui, c'est une bonne idée.
3. Oh! Regarde le scooter de Charline.
4. Il me plaît beaucoup.
5. Est-ce que quelqu'un / Qui peut me donner une cigarette?
6. Va-t-en! On ne t'a rien demandé!

2 Vocabulaire

1. l'adolescence; responsabilités; d'autonomie
2. fumer; consommer; réglementée; effets; consommé; l'impression

3 La négation

Il y quelqu'un <--> Il n'y a personne
Il a déjà <--> Il n'a pas encore
Il a encore du <--> Il n'a plus de
Il a encore <--> Il n'a plus
Il y a quelque chose <--> Il n'y a rien
Il a trop de <--> Il n'a pas assez de
Il a toujours <--> Il n'a jamais
Il a <--> Il n'a pas

4 Non, tout va bien.

1. Oui, merci. Tout s'est bien passé. Je n'ai pas eu de problème(s).
2. Non, il n'y avait presque personne dans le train. Alors je n'ai parlé à personne. J'ai lu.
3. Oh non, je ne suis jamais fatigué(e) après un voyage en train. Je me suis bien reposé(e).
4. Non merci. Je n'ai ni faim, ni soif, mais j'aimerais bien prendre une douche.
5. Non, elle n'est pas lourde du tout. A Marseille, il ne fait pas froid en avril. J'ai pris peu de vêtements chauds et lourds.

5 Familles de mots

l'autonomie – seulement – dangereux – la consommation – le changement – l'adolescence – une sensation – apparaître – une tournée – réglementer

Dossier 9

1 Vocabulaire sur l'orientation et les métiers

a 1. carrière; 2. exercer; 3. matières; 4. dauphins; 5. orientation; 6. formation; 7. congés; 8. animaux; 9. BP; 10. condition; 11. personnel; 12. supplémentaires; 13. chantier; 14. écolo; 15. résultats
b responsabilités

2 Le futur

1. ils exerceront 2. je devrai 3. il faudra 4. vous préfèrerez 5. tu découvriras 6. elle aura 7. je plairai 8. tu iras 9. vous voudrez 10. nous ferons 11. nous discuterons 12. elles pourront

3 Comment préparer ton futur?

1. Ils t'**aideront** 2. il **faudra** 3. tu **iras** 4. vous **aurez**, vous **pourrez**, vous **voudrez** 5. Les professionnels **discuteront** 6. tu **essaieras**, tu **seras** 7. tu **découvriras** 8. tes parents et tes profs **devront** 9. tu **exerceras**, qui te **plaira** 10. Tu **pourras** …

4 Qu'est-ce qu'on dit en français?

1. Je n'ai pas encore choisi ma formation professionnelle.
2. Je vais faire une liste de mes points forts pour faire mon profil.
3. J'ai déjà fait une liste de mes goûts et de mes matières préférées.
4. Je rêve de faire carrière et de prendre des responsabilités. Je n'ai peur ni du stress ni des heures supplémentaires.
5. Je privilégie/préfère les métiers du commerce et de la communication car je suis une personne ouverte.

Dossier 10

1 Qu'est-ce qu'on dit en français?

1. Le mode de vie des gens est la cause du réchauffement de la terre.
2. Les chauffages au pétrole émettent des gaz à effet de serre.
3. Les pays industrialisés doivent réduire ces émissions de gaz.
4. Les réserves de pétrole ne vont pas suffire. Elles vont s'épuiser dans quelques années.
5. Les énergies renouvelables sont presque inépuisables.

2 Qu'est-ce que c'est?

l'énergie fossile -> le pétrole et le charbon -> émettent des gaz à effet de serre
le nucléaire -> produit des déchets radioactifs
les énergies renouvelables -> l'éolien et le solaire -> dépendent des conditions météorologiques

3 Est-ce le conditionnel?

F, I, I, C, C, I - F, I, C, C, F, I - F, C, C, fassions (subjonctif) est l'intrus, F, C - F, I, C, F, I, I

4 On pourrait agir pour l'environnement.

1. aurait 2. serait, seraient 3. faudrait 4. devraient

Dossier 11

1 Qu'est-ce qu'on dit en français?

1. Est-ce qu'on parle (le) français en Asie?
2. Oui, on parle (le) français sur tous les continents de la terre.
3. Combien de personnes parlent (le) français?
4. Aujourd'hui, on compte plus de cent soixante-neuf millions de francophones dans le monde.
5. Comment est-ce que le français est arrivé au Mali?
6. Le Mali est devenu une colonie française en 1895. Ensuite, le français s'est répandu dans le pays avec les nouveaux habitants français.

2 Les langues

1. l'anglais et le français 2. la langue maternelle 3. la langue officielle 4. une langue d'enseignement 5. la langue locale.

3 Du vocabulaire

1. C'est important.
2. On fera un référendum en 2050.
3. Le fleuve fait la frontière entre deux pays.
4. On l'a construite en 1250.
5. Il est de moins en moins important.
6. Il a gagné plus d'argent que l'année dernière.

Dossier 12

1 Les pronoms

1. il **y** avait 2. je **leur** donnais 3. je **leur** disais; ma collègue va **vous** renseigner 4. On **se** retrouvait 5. avec **eux** 6. je **leur** disais; avec **vous**; je **vous** quitte; je vais **me** reposer 7. je **m'** achetais; je **me** couchais

2 Les pronoms et leur position dans la phrase

1. Est-ce que tu peux m'en parler 2. qui lui ont donné; Mais les Amérindiens y vivaient; la trouvaient intéressante 3. leur plaisait à cause des fourrures 4. l'ont cédée aux anglais; les ont gardées 5. ils en sont très contents

3 Mots croisés

1. thermomètre 2. échangeaient 3. siècle 4. gelé 5. souterrain 6. dehors 7. médecins 8. rassemblement 9. érable 10. sortie 11. fourrure 12. suffit 13. bonnet 14. fleuve